Les cahiers d'exercices

# Russe

**Faux-débutants**

Victoria Melnikova-Suchet

## À propos de ce cahier

En plus de 210 exercices, les 20 chapitres de ce cahier vous permettront d'effectuer un balayage systématique et progressif des fondamentaux de la grammaire russe : de la prononciation des signes jusqu'à la phrase complexe, en passant par les éléments constitutifs du groupe nominal et de la phrase simple.

Dans ce cahier, tous les points importants de la langue russe seront abordés : les cas, la conjugaison, le système verbal, ainsi que les chiffres et la phonétique. Cela vous permettra de revoir toutes les bases sans rien oublier !

Enfin, ce cahier vous permet d'effectuer votre autoévaluation : après chaque exercice, dessinez l'expression de vos icônes ( ☺ pour une majorité de bonnes réponses, ☹ pour environ la moitié et ☹ pour moins de la moitié). À la fin de chaque chapitre, reportez le nombre d'icônes relatives à tous ces exercices et, en fin d'ouvrage, faites les comptes en reportant les icônes des fins de chapitres dans le tableau général prévu à cet effet !

## Sommaire

1. Alphabet, lettres, sons ................................. 3
2. Le nominatif des noms et des adjectifs. 3 genres ..... 10
3. Le nominatif pluriel des noms et des adjectifs. Le pronom personnel ..................................... 16
4. Le verbe. Le présent et le futur simple ............... 23
5. Les pronoms personnels. Les pronoms interrogatifs кто et что. Le locatif des noms et des adjectifs ..... 29
6. Le passé. Les cardinaux et les ordinaux ............. 35
7. La déclinaison des pronoms possessifs. L'adverbe ....... 41
8. Le génitif singulier. Le génitif des adjectifs ........... 47
9. Le génitif pluriel. L'accord des cardinaux. Les mots de quantité ..................................... 53
10. Le génitif des adjectifs. L'accusatif des noms et des adjectifs. La notion du positionnement avec ou sans mouvement ..................................... 58
11. Le temps, l'heure et l'époque ....................... 63
12. Le datif des noms et des adjectifs. Le vocabulaire de l'espace. Les mots de liaison logique.. 68
13. L'instrumental des noms et des adjectifs. Les verbes exigeant l'emploi de l'instrumental........... 74
14. Les prépositions, les questions et les cas ........ 79
15. Les verbes de mouvement, les préfixes verbaux et les verbes de position ............................ 85
16. Le verbe быть. Les structures impersonnelles ... 91
17. L'infinitif. L'aspect verbal ......................... 97
18. L'impératif. La forme courte des adjectifs.......... 102
19. Le futur. La négation. Les degrés de comparaison des adjectifs et des adverbes ...................... 107
20. Как et какой. Les noms propres. L'accent tonique. Quelques mots utiles ............................... 114

Solutions .................................................. 120

Tableau d'autoévaluation ...............................128

# Alphabet, lettres, sons

## ALPHABET ET PRONONCIATION

| Lettre russe | Nom de la lettre | Son dans un mot | Exemple de prononciation/ explication | Exemple dans les mots russes et la traduction du mot russe |
|---|---|---|---|---|
| Аа | a | a, i (en position non accentuée devant l'accent) | hacher | август, avgoust, *août* <br> часы, tchissy, *montre* |
| Бб | bê | b, p (en fin des mots ou devant une sourde) | barre, perdre | бак, bak, *bac* <br> юбка, ioupka, *jupe* |
| Вв | vê | v, f (en fin des mots ou devant une sourde) | vélo, froid | вот, vot, *voilà* <br> остров, ostraf, *île* |
| Гг | guê | g/gu, k (en fin des mots ou devant une sourde) | gorge/guêpe, kangourou | груша, groucha, *poire* <br> круг, krouk, *rond, bouée (de sauvetage)* |
| Дд | dê | d, t (en fin des mots ou devant une sourde) | adorer, tort | дом, dom, *maison* <br> мёд, miot, *miel* |
| Ее | ié | ié, i, y (en position non accentuée), ê (souvent après ж et ш) | iéna | аптека, aptiéka, *pharmacie* <br> анекдот, anikdot, *blague* <br> жених, jynih, *fiancé* <br> блюдце, blioutsê, *soucoupe* |
| Ёё | io | io | idiot | дёшево, diochêva, *bon marché* |
| Жж | jê | j, ch (en fin des mots ou devant une sourde) | jeton/germe, chat | живот, jyvot, *ventre* <br> этаж, itach, *étage* |
| Зз | zê | z, s (en fin des mots ou devant une sourde) | zoo, sac | зал, zal, *salle* <br> газ, gass, *gaz* |
| Ии | i | i, y (après ж et ш) | ivre | икона, ikona, *icône* <br> жить, jyts, *vivre* <br> машина, machyna, *voiture* |
| Йй | ille | ï | bonsaï/ail | зимой, zimoï, *en hiver* <br> май, maï, *mai* |
| Кк | ka | k | képi | кот, kot, *chat* |
| Лл | èl | l | lié, louer | лес, liéss, *forêt* <br> логика, loguika, *logique* |

## ALPHABET, LETTRES, SONS

| Lettre russe | Nom de la lettre | Son dans un mot | Exemple de prononciation/explication | Exemple dans les mots russes et la traduction du mot russe |
|---|---|---|---|---|
| Мм | èm | m | **m**ère | **м**ост, **m**ost, *pont* |
| Нн | èn | n | **n**ote | **н**ос, **n**oss, *nez* |
| Оо | o | o/a (en position non accentuée), a (non accentué en fin des mots) | p**o**rt | хор**о**шо, harach**o**, *bien* в**е**село, vi**é**ssila, *gai* |
| Пп | pê | p | **p**ape | **п**арк, **p**ark, *parc* |
| Рр | èr roulé | r | **r** roulé comme celui de l'italien : buongio**r**no, p**r**onto | **р**оза, **r**oza, *rose* |
| Сс | ès | s/ss | **s**alut, ma**ss**e | **с**умка, **s**oumka, *sac* |
| Тт | tê | t | **t**orride | **т**ариф, **t**arif, *tarif* |
| Уу | ou | ou | b**ou**le | **у**рок, **ou**rok, *leçon* |
| Фф | èf | f | **f**racas | **ф**рукт, **f**roukt, *fruit* |
| Хх | (k)ha | h | comme le do**ch** allemand, **J**uan espagnol | **х**имия, **h**imïia, *chimie* |
| Цц | tsê | ts | mouche **ts**é-**ts**é, **ts**ar | **ц**вет, **ts**viét, *couleur* |
| Чч | tché | tch | **tch**ao, **tch**èque | **ч**ас, **tch**ass, *heure* |
| Шш | cha | ch | **ch**ar | **ш**акал, **ch**akal, *chacal* |
| Щщ | chtcha | chtch, ch | **ch**ien | бор**щ**, bort**ch**, *borchtch (soupe russe à la betterave)* я**щ**ик, ia**ch**ik, *tiroir* |
| ъ | Le signe dur | ° | pas de prononciation propre | об**ъ**яснять, ab°ïisniats, *expliquer* |
| ы | i dur (entre ou et i) | y | il n'y a pas d'équivalent, se prononce entre **ou** et **i** français | час**ы**, tchiss**y**, *montre* |
| ь | Le signe mou | i / gne / ' / s selon le contexte | pas de prononciation propre | обув**ь**, obouf[i], *chaussures* осе**н**ь, o**ss**igne, *automne* ли**ш**ь, lich', *seulement* лоша**д**ь, lochat[s], *cheval* |

**ALPHABET, LETTRES, SONS**

| Lettre russe | Nom de la lettre | Son dans un mot | Exemple de prononciation/ explication | Exemple dans les mots russes et la traduction du mot russe |
|---|---|---|---|---|
| Ээ | ê | ê/i (en position non accentuée) | être, pique | это, êta, *ce, c'est* экзамен, igzamin, *examen* |
| Юю | iou | iou | p**iou**p**iou** | **ю**мор, **iou**mar, *humour* |
| Яя | ia | ia/i (en position non accentuée devant l'accent), ïi (en position non accentuée au début du mot) | **ia**mbe, péd**ia**tre, p**i**quer | **я**сно, **ia**sna, *clair* девят**на**дцать, divitnatsats, *dix-neuf* **я**зык, **ï**izyk, *langue* |

## Quelques remarques de prononciation et de lecture

- Toutes les lettres (sauf ь et ъ) se prononcent, y compris en fin de mot : **привет** *(priviét)* salut, **вас** *(vass) vous* (COD).
- Les sons nasaux n'existent pas en russe (en tout cas, pas au sens où on l'entend pour les nasales françaises). Faites attention à bien prononcer les combinaisons des lettres suivantes : an : **Александр** *(aliksandr) Alexandre*; am : **там** *(tam) là-bas*; on : **он** *(on) lui*; en : **студент** *(stoudiént) étudiant*.

L'alphabet russe contient 33 lettres et 42 sons.
- 10 voyelles
- 20 consonnes
- **ь, ъ** (lettres qui ne se prononcent pas)
- **й**

**❶ Déchiffrez les mots suivants et traduisez-les.**

**ex.** мама → Maman

**a.** лампа →

**b.** магазин →

**c.** роза →

**d.** какао →

**e.** концерт →

**f.** Россия →

**g.** спорт →

**h.** экзамен →

**i.** текст →

**j.** минута →

# ALPHABET, LETTRES, SONS

**2** Classez les mots dans l'ordre alphabétique en les recopiant en face des chiffres dessous.

- овца, *brebis*
- кот, *chat*
- утка, *canard*
- волк, *loup*
- черепаха, *tortue*
- гусь, *oie*
- дрозд, *merle*
- тигр, *tigre*
- лиса, *renard*
- енот, *raton laveur*
- попугай, *perroquet*
- зебра, *zèbre*
- слон, *éléphant*
- ёж, *hérisson*
- баран, *mouton*

1. баран
2. волк
3.
4.
5.
6.
7.
8.
9.
10.
11.
12.
13.
14.
15.

## Consonnes finales

- Les consonnes « sonores » **б, в, г, д, ж, з** s'assourdissent en position finale ou devant une consonne sourde et se prononcent alors comme leurs équivalents sourds :

| Sonore | б | в | г | д | ж | з |
|---|---|---|---|---|---|---|
| ↓ | ↓ | ↓ | ↓ | ↓ | ↓ | ↓ |
| Sourde | п | ф | к | т | ш | с |

Une exception : **Бог**, boh, *Dieu*.

**ALPHABET, LETTRES, SONS**

**3** Cochez le dernier son (indiqué en phonétique française) de chaque mot.

| Son | t | p | s | ch | h | k |
|---|---|---|---|---|---|---|
| кот, *chat* | | | | | | |
| Бог, *Dieu* | | | | | | |
| лес, *forêt* | | | | | | |
| дуб, *chêne* | | | | | | |
| рог, *corne* | | | | | | |
| пот, *sueur* | | | | | | |
| под, *sous* | | | | | | |
| час, *heure* | | | | | | |
| муж, *mari* | | | | | | |
| шаг, *pas* | | | | | | |
| таз, *bassine* | | | | | | |
| рот, *bouche* | | | | | | |
| зуб, *dent* | | | | | | |
| глаз, *œil* | | | | | | |
| зуд, *démangeaison* | | | | | | |
| миг, *instant* | | | | | | |

**4** Complétez ces mots à l'aide des voyelles proposées dans le panier de courses.

a. м о л о к о (*lait*)
b. п ☐ л ь м ☐ н ☐ (*pelmenis - raviolis russes*)
c. ☐ г ☐ р ☐ ц (*concombre*)
d. п ☐ м ☐ д ☐ р (*tomate*)
e. м ☐ к ☐ (*farine*)
f. м ☐ с ☐ (*viande*)
g. к ☐ л б ☐ с ☐ (*saucisson*)
h. ш ☐ ш л ☐ к (*brochette de viande*)
i. ☐ п ☐ л ь с ☐ н (*orange*)
j. ☐ б л ☐ к ☐ (*pomme*)

## ALPHABET, LETTRES, SONS

**5** Reconstituez les mots en les complétant à l'aide des consonnes données.

a. ▢▢e▢ (pain)
b. ▢a▢▢o (beurre)
c. ▢a▢▢a▢и▢ (margarine)
d. ▢a▢a▢ (sucre)
e. ▢o▢▢ (bortch)
f. и▢▢a (caviar)
g. ▢a▢▢o▢e▢ь (pomme de terre)
h. ▢▢и▢и▢a (du porc)
i. ▢и▢o▢ (citron)
j. ▢a▢a▢и▢a (du mouton)
k. a▢▢у▢ (pastèque)

```
р к р т с х
л б м с р г
р б р н х р
в щ б с н р
м л н ф л к
р б н м л
з н н
```

**6** Prononcez à haute voix les mots suivants sans oublier que les sons nasaux n'existent pas et que les consonnes sonores s'assourdissent en fin de mot. L'accent tonique est signalé en bleu.

a. б**о**мба, bombe
b. г**и**д, guide
c. масс**а**ж, massage
d. телеф**о**н, téléphone
e. маскар**а**д, mascarade
f. шокол**а**д, chocolat
g. ростор**а**н, restaurant
h. Пар**и**ж, Paris
i. кр**а**б, crabe
j. б**а**нк, banque
k. каранд**а**ш, crayon

**7** Trouvez les mots cachés en enlevant les lettres en double.

ex. с̶ш̶атб̶у̶аф̶о̶би̶ф̶л и к̶о̶ш̶ → стул ..................., chaise

a. ашопсытороылтдаснширк
→ ........................................., goûter

b. укракашесучташпапочрбабн
→ ........................................., restaurant

ALPHABET, LETTRES, SONS

### 8 Changez une lettre dans le mot pour créer un nouveau mot.

**ex.** кол, *pieu* → ком, *motte*  
**f.** пик, *pic* → .............................., *chic*

**a.** сук, *branche* → .............................., *jus*  
**g.** стук, *bruit* → .............................., *chaise*

**b.** ром, *rhum* → .............................., *bouche*  
**h.** вол, *bœuf* → .............................., *voleur*

**c.** зонд, *sonde* → .............................., *parapluie*  
**i.** пень, *souche* → .............................., *jour*

**d.** вот, *voilà* → .............................., *chat*  
**j.** жила, *veine* → .............................., *force*

**e.** рок, *rock* → .............................., *choc*  
**k.** таз, *bassine* → .............................., *gaz*

### 9 Prononcez à haute voix ces palindromes (des mots qui se lisent dans les deux sens).

**a.** шалаш, *hutte*  
**b.** топот, *piétinement*  
**c.** довод, *argument*  
**d.** мим, *mime*  
**e.** заказ, *commande*

**f.** доход, *revenu*  
**g.** око, *œil*  
**h.** потоп, *déluge*  
**i.** казак, *cosaque*  
**j.** радар, *radar*

Bravo, vous êtes venu à bout du chapitre 1 ! Il est maintenant temps de comptabiliser les icônes et de reporter le résultat en page 128 pour l'évaluation finale.

# Le nominatif des noms et des adjectifs. 3 genres

## Genres des noms

- La langue russe possède 3 genres : le masculin, le féminin et le neutre.

| **Les noms masculins se terminent en :** | **Les noms féminins se terminent en :** | **Les noms neutres se terminent en :** |
|---|---|---|
| - Ø (terminaison zéro) | - а | - о |
| - й | - я | - е/ё |
| - а/я masculin « logique » (**папа**, *papa* – **дядя**, *oncle*) | - ь | - мя |

**I** Déterminez le genre des noms suivants (masculin : M, féminin : F, neutre : N).

a. зеркало, *miroir*  M F N
b. диван, *canapé*  M F N
c. потолок, *plafond*  M F N
d. стул, *chaise*  M F N
e. картина, *tableau*  M F N
f. телевизор, *téléviseur*  M F N
g. люстра, *lustre*  M F N

h. радио, *radio*  M F N
i. лампа, *lampe*  M F N
j. окно, *fenêtre*  M F N
k. стена, *mur*  M F N
l. бельё, *linge*  M F N

## Le signe mou

Le signe mou ь est une lettre particulière : elle ne se prononce pas, mais elle « ramollit » la lettre qui la précède. Comme on la retrouve à la fin des noms masculins et féminins, elle ne suffit pas à renseigner sur leur genre. Les mots les plus utilisés sont donc à connaître.

LE NOMINATIF DES NOMS ET DES ADJECTIFS. 3 GENRES

**2** Placez chaque mot dans le bon verre en fonction de son genre.

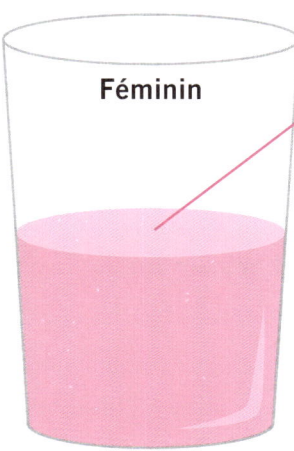

Féminin

ночь, *nuit*
кровать, *lit*
конь, *cheval*
лень, *paresse*
дочь, *fille*
путь, *voie*
водитель, *conducteur*
день, *jour*
дверь, *porte*
тополь, *peuplier*
тетрадь, *cahier*
медведь, *ours*
часть, *part*

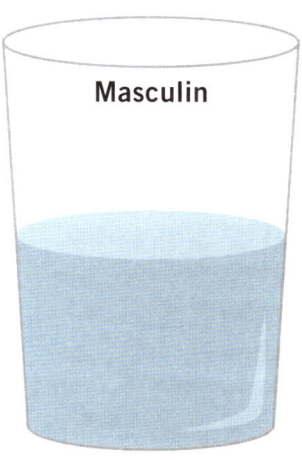

Masculin

**3** Déterminez le genre des noms suivants (masculin : M, féminin : F, neutre : N).

a. река, *rivière*      [M] [F] [N]
b. берег, *rive*        [M] [F] [N]
c. лодка, *barque*      [M] [F] [N]
d. весло, *rame*        [M] [F] [N]
e. волна, *vague*       [M] [F] [N]
f. якорь, *ancre*       [M] [F] [N]

## Genres et adjectifs

- Les adjectifs russes ont également 3 genres. Ils sont marqués par les deux dernières lettres du mot.

- Les adjectifs s'accordent avec les noms qu'ils qualifient et se placent généralement devant. Ils se divisent en adjectifs durs (si l'avant-dernière lettre de la terminaison est **ы**, **а**, **о**) et en adjectifs mous (si l'avant-dernière lettre de la terminaison est **и**, **я**, **е**). Ainsi, les terminaisons fonctionnent également par paires :

| Masculins : | Féminins : | Neutres : |
|---|---|---|
| -ый/-ий, -ой | -ая/-яя | -ое/-ее |

# LE NOMINATIF DES NOMS ET DES ADJECTIFS. 3 GENRES

**4** Déterminez le genre des adjectifs suivants (masculin : M, féminin : F, neutre : N).

| | | | | |
|---|---|---|---|---|
| **ex.** красный, *rouge* | M ~~F~~ ~~N~~ | **g.** оранжевая, *orange* | M F N |
| **a.** белая, *blanc* | M F N | **h.** голубой, *bleu clair* | M F N |
| **b.** синее, *bleu* | M F N | **i.** розовый, *rose* | M F N |
| **c.** чёрная, *noir* | M F N | **j.** бордовое, *bordeaux* | M F N |
| **d.** фиолетовое, *violet* | M F N | **k.** серая, *gris* | M F N |
| **e.** жёлтая, *jaune* | M F N | **l.** коричневый, *marron* | M F N |
| **f.** зелёный, *vert* | M F N | | |

**5** Accordez correctement l'adjectif avec le nom en reliant les deux éléments.

**ex.** старый
старое — женщина, *vieille femme*
старая

**a.** чёрный
чёрное — кот, *chat noir*
чёрная

**b.** быстрый
быстрая — течение, *courant rapide*
быстрое

**c.** интересное
интересный — книга, *livre intéressant*
интересная

**d.** синий
синее — небо, *ciel bleu*
синяя

**e.** странная
странное — дело, *affaire étrange*
странный

**f.** умный
умная — девочка, *fille intelligente*
умное

**g.** большое
большой — страна, *grand pays*
большая

**h.** лысый
лысая — мужчина, *homme chauve*
лысое

## LE NOMINATIF DES NOMS ET DES ADJECTIFS. 3 GENRES

**6** Voici 14 étiquettes : 7 capitales et 7 nationalités. Rédigez 7 phrases en complétant les amorces avec les 7 prénoms proposés.

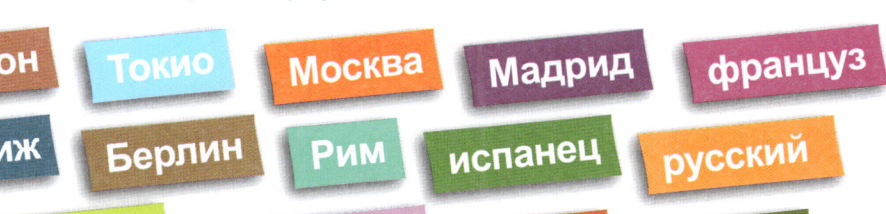

**ex.** Тейлор американец. Его город – Нью-Йорк.

**a.** Шарль .................... Его город – ....................

**b.** Такаши .................... Его город – ....................

**c.** Вольфганг .................... Его город – ....................

**d.** Владимир .................... Его город – ....................

**e.** Джон .................... Его город – ....................

**f.** Луиджи .................... Его город – ....................

**g.** Пабло .................... Его город – ....................

**7** Accordez l'adjectif avec le nom.

**a.** син......... цветок, *fleur bleue*

**b.** красн......... площадь, *place rouge*

**c.** голуб......... небо, *ciel bleu*

**d.** розов......... помада, *rouge à lèvres rose*

**e.** тёпл......... чай, *thé tiède*

**f.** зелён......... юбка, *jupe verte*

**g.** больш......... мальчик, *grand garçon*

**h.** светл......... кожа, *peau claire*

**i.** оранжев......... солнце, *soleil orange*

**j.** отличн......... день, *excellente journée*

**k.** тих......... песня, *chanson douce*

**l.** сер......... свитер, *pull gris*

**m.** сильн......... ветер, *vent fort*

# LE NOMINATIF DES NOMS ET DES ADJECTIFS. 3 GENRES

**8** Remplissez la grille de mots croisés en utilisant les mots de la boîte à outils et en les plaçant selon leur traduction.

палец
позвоночник
ухо
рот
кисть
кулак
веко
колено
нос
рука
лоб
лицо
ус
подбородок
бровь

**Horizontal :**
1. bouche
2. genou
3. colonne vertébrale
4. oreille
5. main

**Vertical :**
A. doigt
B. visage
1. bras
C. menton
D. poing
E. sourcil
F. paupière
G. nez
H. front
4. moustache

|   | A↓ | B↓ | 1↓ |   |   |   |
|---|----|----|-----|---|---|---|
|   | п  | л  | р   |   |   |   |
|   | C↓ |    |     |   | D↓|   |
|   | п  |    |     |   | к |   |
| 2 | к  |    | E↓  |   |   |   |
|   |    |    | б   |   |   |   |
|   |    | F↓ |     | G↓|   |   |
| 3 | п  |    |     |   |   |   |
|   |    |    |     |   | H↓|   |
|   |    |    |     | 4→|   |   |
| 5 | к  |    |     |   |   |   |

**9** Reliez les mots des deux colonnes.

a. брат, *frère*
b. внук, *petit-fils*
c. дедушка, *grand-père*
d. дядя, *oncle*
e. муж, *mari*
f. отец, *père*
g. племянник, *neveu*
h. сын, *fils*

1. племянница
2. жена
3. внучка
4. сестра
5. мать
6. тётя
7. дочь
8. бабушка

**10** Trouvez les terminaisons du masculin.

ex. иностранка, *étranger* → иностран[е][ц]

a. русская, *Russe* → русск[ ][ ]
b. китаянка, *Chinoise* → кита[ ][ ]
c. финка, *Finlandaise* → фин[ ]

## LE NOMINATIF DES NOMS ET DES ADJECTIFS. 3 GENRES

d. словачка, *Slovaque* → слова☐
e. итальянка, *Italienne* → итальян☐☐
f. француженка, *Française* → францу☐
g. американка, *Américaine* → американ☐☐
h. англичанка, *Anglaise* → англичан☐☐
i. японка, *Japonaise* → япон☐☐
j. немка, *Allemande* → нем☐☐
k. чешка, *Tchèque* → че☐

**II** Indiquez, si elle existe, la forme féminine de ces mots. (Attention, deux féminins ne sont utilisés que dans la langue parlée.)

ex. актёр, *acteur* → oui : актриса

a. архитектор, *architecte* → 
b. бизнесмен, *homme d'affaires* → 
c. врач, *médecin* → 
d. геолог, *géologue* → 
e. инженер, *ingénieur* → 
f. кассир, *caissier* → 
g. композитор, *compositeur* → 
h. лётчик, *aviateur* → 
i. официант, *serveur* → 
j. парикмахер, *coiffeur* → 
k. певец, *chanteur* → 

Bravo, vous êtes venu à bout du chapitre 2 ! Il est maintenant temps de comptabiliser les icônes et de reporter le résultat en page 128 pour l'évaluation finale.

# Le nominatif pluriel des noms et des adject...
# Le pronom personnel

## L'animé et l'inanimé

• Les noms russes peuvent être animés ou inanimés. Les animés répondent à la question **кто?** *qui?* et les inanimés à la question **что?** *quoi?*

**1** Posez la bonne question pour les réponses suivantes.

ex. – **кто** это? *Qui est-ce?* – **Это папа.** *C'est papa.*
– **что** это? *Qu'est-ce que c'est?* – **Это тарелка.** *C'est une assiette.*

a. ............ это?
**Это шарик.**
*C'est un ballon.*

b. ............ это?
**Это собака.**
*C'est un chien.*

c. ............ это?
**Это девочка.**
*C'est une fille.*

d. ............ это?
**Это инопланетянин.**
*C'est un extraterrestre.*

e. ............ это?
**Это Луна.**
*C'est la Lune.*

f. ............ это?
**Это президент.**
*C'est un président.*

g. ............ это?
**Это зеркало.**
*C'est un miroir.*

h. ............ это?
**Это ящик.**
*C'est un tiroir.*

i. ............ это?
**Это мышь.**
*C'est une souris.*

j. ............ это?
**Это слон.**
*C'est un éléphant.*

k. ............ это?
**Это облако.**
*C'est un nuage.*

16

# LE NOMINATIF PLURIEL DES NOMS ET DES ADJECTIFS. LE PRONOM PERSONNEL

## Le pluriel

- **Les masculins :**
  - Les noms masculins se terminant par une consonne dure ont le pluriel en **ы**. Une partie des masculins pluriels se termine par un **а/я**. En voici la liste, à connaître : **адрес**, *adresse* ; **берег**, *rive* ; **вечер**, *soir* ; **дом**, *maison* ; **доктор**, *médecin* ; **глаз**, *œil* ; **голос**, *voix* ; **город**, *ville* ; **номер**, *numéro* ; **паспорт**, *passeport* ; **поезд**, *train* ; **учитель**, *maître*, etc.
  - Les noms masculins se terminant par un signe mou ou **й** ont le pluriel en **и**.
- **Les féminins :**
  - Les noms féminins se terminant par **а** ont le pluriel en **ы**.
  - Les noms féminins se terminant par un signe mou ou **я** ont le pluriel en **и**.
- **Les neutres :**
  - Les noms neutres se terminant par **о** ont le pluriel en **а**.
  - Les noms neutres se terminant par **е/ё** ont le pluriel en **я**.
- Les noms avec un pluriel irrégulier sont à retenir. En voilà quelques-uns : **ребёнок**, *un enfant* – **дети**, *des enfants* ; **цветок**, *une fleur* – **цветы**, *des fleurs* ; **человек**, *une personne* – **люди**, *des gens* ; **яблоко**, *une pomme* – **яблоки**, *des pommes* ; **дочь**, *une fille* – **дочери**, *des filles* ; **лист**, *une feuille* – **листья**, *des feuilles*, etc.

**②** Accordez correctement chaque nom au pluriel en reliant les deux éléments.

**ex.** стола
  столы ——— стол, *table*
  столи

**a.** телевизори
  телевизоря     телевизор, *téléviseur*
  телевизоры

**b.** дверы
  двери          дверь, *porte*
  дверя

**c.** окно
  окны           окно, *fenêtre*
  окна

**d.** буквы
  буквя          буква, *lettre*
  букви

**e.** музеы
  музея          музей, *musée*
  музеи

**f.** картини
  картины        картина, *tableau*
  картиня

**g.** страны
  страни         страна, *pays*
  страня

**h.** статуи
  статуа         статуя, *statue*
  статуя

# LE NOMINATIF PLURIEL DES NOMS ET DES ADJECTIFS. LE PRONOM PERSONNEL

**3** Retrouvez le singulier de chaque nom et indiquez son genre (masculin : M, féminin : F, neutre : N).

ex. воды, *eaux* → вода, F

a. корабли, *bateaux* → ...................

b. коты, *chats* → ...................

c. тетради, *cahiers* → ...................

d. арбузы, *pastèques* → ...................

e. окна, *fenêtres* → ...................

f. тени, *ombres* → ...................

g. предложения, *propositions* → ...................

h. птицы, *oiseaux* → ...................

i. кони, *chevaux* → ...................

j. моря, *mers* → ...................

k. мосты, *ponts* → ...................

l. облака, *nuages* → ...................

## Règle de l'incompatibilité orthographique

• Après les lettres suivantes, on ne peut pas écrire **-ы**, mais **-и** :

| Г |
| Ж |
| К |
| Х |
| Ч |
| Ш |
| Щ |

-ы̶

-и

**4** Donnez le pluriel des mots suivants.

a. словарь, *dictionnaire* → ...................

b. мальчик, *garçon* → ...................

c. отель, *hôtel* → ...................

d. рубашка, *chemise* → ...................

e. пижама, *pyjama* → ...................

f. глагол, *verbe* → ...................

g. мяч, *balle* → ...................

h. река, *rivière* → ...................

i. огород, *potager* → ...................

j. зима, *hiver* → ...................

k. карандаш, *crayon* → ...................

l. трамвай, *tramway* → ...................

## LE NOMINATIF PLURIEL DES NOMS ET DES ADJECTIFS. LE PRONOM PERSONNEL

**5** Observez la forme du pluriel des mots suivants, puis donnez leur singulier et leur genre.

a. **дома**, *maisons* →  
b. **люди**, *gens* →  
c. **женщины**, *femmes* →  
d. **дети**, *enfants* →  
e. **растения**, *plantes* →  
f. **братья**, *frères* →  
g. **предложения**, *propositions* →  
h. **плащи**, *imperméables* →  
i. **учителя**, *maîtres* →  
j. **яблоки**, *pommes* →  
k. **глаза**, *yeux* →

**6** Observez les différentes formes utilisées dans ce dialogue. Indiquez par (a) les phrases au vouvoiement, par (b) celles au tutoiement et par (c) celles au pluriel collectif.

### Le nominatif des pronoms personnels

| Singulier | Pluriel |
|---|---|
| **я**, *je* | **мы**, *nous* |
| **ты**, *tu* | **вы**, *vous* |
| **он**, *il* | |
| **она**, *elle* | **они**, *ils, elles* |
| **оно**, *il (neutre)* | |

1. – Ты кто?

2. – Я – студент. А ты?

3. – А я – преподаватель.

4. – Ой, простите.

5. – Ничего, а они кто?

6. – Он – Антон, она – Таня.

7. – Вы тоже студенты?

8. – Да, мы все студенты.

# LE NOMINATIF PLURIEL DES NOMS ET DES ADJECTIFS. LE PRONOM PERSONNEL

**7** Trouvez le pronom personnel de la troisième personne qui convient pour chaque groupe nominal et accordez-le en genre et en nombre.

**ex.** хороший мальчик, *bon garçon* → он хороший

**a.** жёлтое солнце, *soleil jaune* →

**b.** тихая улица, *rue tranquille* →

**c.** весёлые дети, *enfants gais* →

**d.** зелёные деревья, *arbres verts* →

**e.** яркий свет, *lumière vive* →

**f.** большая толпа, *grande foule* →

**g.** синее море, *mer bleue* →

## Le nominatif pluriel des adjectifs

- Le nominatif pluriel des adjectifs est extrêmement simple : masculins, féminins et neutres ont les mêmes terminaisons. Les adjectifs durs se terminent par **-ые** et les adjectifs mous (ou en cas d'incompatibilité orthographique) par **-ие**.

**8** Indiquez le pluriel de chaque groupe nominal.

**ex.** зелёное дерево, *arbre vert* → зелёные деревья

**a.** маленький мальчик, *petit garçon* →

**b.** интересный фильм, *film intéressant* →

**c.** мягкая подушка, *oreiller moelleux* →

**d.** белое облако, *nuage blanc* →

**e.** коричневый сапог, *botte marron* →

**f.** отличная книга, *excellent livre* →

**g.** синее окно, *fenêtre bleue* →

**h.** длинная песня, *chanson longue* →

## LE NOMINATIF PLURIEL DES NOMS ET DES ADJECTIFS. LE PRONOM PERSONNEL

  **Entourez les mots qui ont seulement une forme pour le singulier et le pluriel. (Attention, les mots neutres empruntés sont invariables.)**

**ковёр**, *tapis* **интервью**, *interview* **река**, *fleuve*

**меню**, *carte* **овца**, *brebis* **метро**, *métro* **резинка**, *gomme*

**человек**, *personne* **пальто**, *manteau* **листок**, *feuille*

**вилка**, *fourchette* **кафе**, *café* **стекло**, *vitre*

**такси**, *taxi* **шапка**, *chapka* **галстук**, *cravate* **ведро**, *seau*

**радио**, *radio* **кастрюля**, *casserole* **гора**, *montagne*

**Indiquez le singulier ou le pluriel de chaque groupe nominal.**

| Singulier | Pluriel |
|---|---|
| ................................................ | чёрные бараны, *les moutons noirs* |
| ................................................ | глупые дети, *les enfants bêtes* |
| быстрый конь, *un cheval rapide* | ................................................ |
| тихая река, *un fleuve tranquille* | ................................................ |
| ................................................ | прошлые годы, *les années passées* |
| знакомый мотив, *un air familier* | ................................................ |
| ................................................ | лёгкие задания, *les exercices faciles* |

# LE NOMINATIF PLURIEL DES NOMS ET DES ADJECTIFS. LE PRONOM PERSONNEL

**Placez correctement les mots qui désignent les parties du corps. Attention, les pluriels et singuliers peuvent être des indices !**

**A.** шея / глаза / щёки / нос / подбородок / рот / волосы / лоб / уши

1 .............................. 6 ..............................
2 .............................. 7 ..............................
3 .............................. 8 ..............................
4 .............................. 9 ..............................
5 ..............................

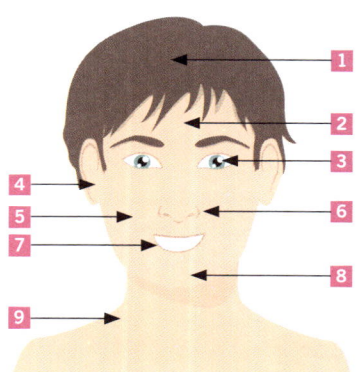

**B.** ноги / колени / голова / плечи / руки / грудь / живот / пальцы

1 ..............................
2 ..............................
3 ..............................
4 ..............................
5 ..............................
6 ..............................
7 ..............................
8 ..............................

Bravo, vous êtes venu à bout du chapitre 3 ! Il est maintenant temps de comptabiliser les icônes et de reporter le résultat en page 128 pour l'évaluation finale.

# Le verbe.
# Le présent et le futur simple

## Le système verbal et le présent

- Les temps russes sont simples. Il n'y en a que 3 : le présent, le passé et le futur.
- Le présent s'utilise seulement avec les verbes imperfectifs. Les verbes perfectifs, eux, utilisent une forme future.
- Les deux conjugaisons ont les mêmes terminaisons au présent, seule la voyelle de base change :

| 1ʳᵉ conjugaison<br>**делать**, faire / **идти**, marcher | 2ᵉ conjugaison<br>**слышать**, entendre / **говорить**, parler |
|---|---|
| я дела**ю** / ид**у** | я слыш**у** / говор**ю** |
| ты дела**ешь** / ид**ёшь** | ты слыш**ишь** / говор**ишь** |
| он, она, оно дела**ет** / ид**ёт** | он, она, оно слыш**ит** / говор**ит** |
| мы дела**ем** / ид**ём** | мы слыш**им** / говор**им** |
| вы дела**ете** / ид**ёте** | вы слыш**ите** / говор**ите** |
| они дела**ют** / ид**ут** | они слыш**ат** / говор**ят** |

**❶ Complétez les trous.**

1ʳᵉ conjugaison
**читать**, lire

ex. я читаю

a. ты чит……

b. он чита……

c. мы чита……

d. ………читаете

e. они чита……

2ᵉ conjugaison
**смотреть**, regarder

f. ……… смотрю

g. ……… смотришь

h. он смотр………

i. мы смотр………

j. вы смотр………

k. ……… смотрят

# LE VERBE. LE PRÉSENT ET LE FUTUR SIMPLE

**2** Conjuguez le verbe à la forme voulue.

**ex.** Мы видим, *Nous voyons.* → Ты видишь.

**a.** Я думаю, *Je réfléchis.* → Они ............................

**b.** Вы курите, *Vous fumez.* → Ты ............................

**c.** Он читает, *Il lit.* → Вы ............................

**d.** Мы слушаем, *Nous écoutons.* → Она ............................

**e.** Они гуляют, *Ils se promènent.* → Я ............................

**f.** Ты играешь, *Tu joues.* → Мы ............................

**g.** Он зовёт, *Il appelle.* → Ты ............................

**h.** Она рисует, *Elle dessine.* → Они ............................

**i.** Мы слышим, *Nous entendons.* → Вы ............................

## Le verbe быть

- Le verbe **быть**, *être*, est sous-entendu au présent : **– Вы кто?**, *Qui êtes-vous ?* – **Мы – ваши соседи**, *Nous sommes vos voisins.*

- Le verbe **быть** est utilisé à la 3ᵉ personne du singulier pour traduire l'expression *il y a* : **Здесь есть деньги**, *Ici, il y a de l'argent.*

**3** Observez la phrase au singulier et passez-la au pluriel, et inversement.

**ex.** Я хочу, *Je veux.*
→ Мы хотим.

**a.** Я здесь, *Je suis ici.*
→ ............................

**b.** Ты идёшь, *Tu marches.*
→ ............................

**c.** Он пишет, *Il écrit.*
→ ............................

**d.** Она поёт, *Elle chante.*
→ ............................

**e.** Они гуляют, *Ils/Elles se promènent.*
→ ............................

**f.** Мы режем, *Nous coupons.*
→ ............................

**g.** Вы свистите, *Vous sifflez.*
→ ............................

**h.** Они покупают, *Ils/elles achètent.*
→ ............................

**i.** Мы – космонавты, *Nous sommes des astronautes.*
→ ............................

# LE VERBE. LE PRÉSENT ET LE FUTUR SIMPLE

## 4. Complétez chaque phrase avec le verbe à la bonne forme.

a. Я .................... (нести, *porter*).

b. Вы .......... (разговаривать, *discuter*).

c. Они .................... (делать, *faire*).

d. Она .................... (работать, *travailler*).

e. Мы .................... (писать, *écrire*).

f. Он .................... (варить, *cuire*).

g. Ты .................... (учить, *apprendre*).

h. Вы .................... (покупать, *acheter*).

i. Я .................... (тушить, *éteindre*).

## 5. Associez chaque sujet à sa forme verbale.

1. – покупаете хлеб здесь?
2. – ходят в школу.
3. – смотрю на тебя.
4. – ты много работаешь.
5. – можем всё.
6. – ведут машину.
7. – читает книгу.

a. – Дорогой друг, .....

b. – Мальчик .....

c. – Они .....

d. – Наши дети .....

e. – Я постоянно .....

f. – Вы опять .....

g. – Вместе мы .....

## Les verbes réfléchis

• Pour former un verbe réfléchi, on ajoute à la forme du verbe (au présent, au passé ou au futur) les terminaisons **-ся** (si le verbe se termine par une consonne) ou **-сь** (si le verbe se termine par une voyelle).

# LE VERBE. LE PRÉSENT ET LE FUTUR SIMPLE

**6** Formez le verbe réfléchi à l'infinitif et à la personne indiquée.

**ex.** купать, *baigner* ; купаю, купаешь
→ *se baigner* : купаться, я купаюсь, ты купаешься

**a.** мыть, *laver* ; мою, моет
→ *se laver* : ................., я ................., он .................

**b.** решать, *décider* ; решаем, решают
→ *se décider* : ................., мы ................., они .................

**c.** пугать, *faire peur* ; пугаешь, пугаете
→ *avoir peur* : ................., ты ................., вы .................

**d.** злить, *fâcher* ; злю, злят
→ *se fâcher* : ................., я ................., они .................

**e.** молить, *supplier* ; молю, молят
→ *prier* : ................., я ................., они .................

**f.** ругать, *gronder* ; ругаешь, ругаем
→ *se disputer* : ................., ты ................., мы .................

**7** Choisissez le bon pronom interrogatif pour former chaque question.

**Где**   **Куда**   **Кто**   **Когда**

**Сколько**   **Как**   **Почему**

**a.** – ................. ты едешь в Москву? – Завтра.

**b.** – ................. он плачет? – Не знаю.

**c.** – ................. вы живёте? – В Москве.

**d.** – ................. тебе лет? – Скоро пять лет.

**e.** – ................. это? – Моя сестра.

**f.** – ................. вас зовут? – Наташа, а вас?

**g.** – ................. они потом? – К нам.

# LE VERBE. LE PRÉSENT ET LE FUTUR SIMPLE

## Le verbe звать

- Il est curieux de constater qu'une des premières phrases que l'on apprend en russe « как тебя зовут », *Comment t'appelles-tu ?*, est formée du verbe **звать**, *appeler*, conjugué à la 3ᵉ personne du pluriel ! Littéralement, cela veut dire *« comment (eux, ils) t'appellent »*...

**8** Indiquez les verbes irréguliers et donnez leur conjugaison à la 1ʳᵉ personne du singulier.

**a.** думать, *réfléchir*
→ ....................

**d.** говорить, *parler*
→ ....................

**g.** видеть, *voir*
→ ....................

**b.** ждать, *attendre*
→ ....................

**e.** мочь, *pouvoir*
→ ....................

**h.** спать, *dormir*
→ ....................

**c.** пить, *boire*
→ ....................

**f.** жить, *vivre*
→ ....................

**i.** есть, *manger*
→ ....................

## Le verbe хотеть

- Le verbe **хотеть**, *vouloir*, est très important, car il permet de former toutes les phrases exprimant des envies comme *« j'ai faim »*, *« j'ai sommeil »*, *« j'ai soif »*, etc.

**9** Complétez les phrases en fonction des envies qu'expriment les personnages.

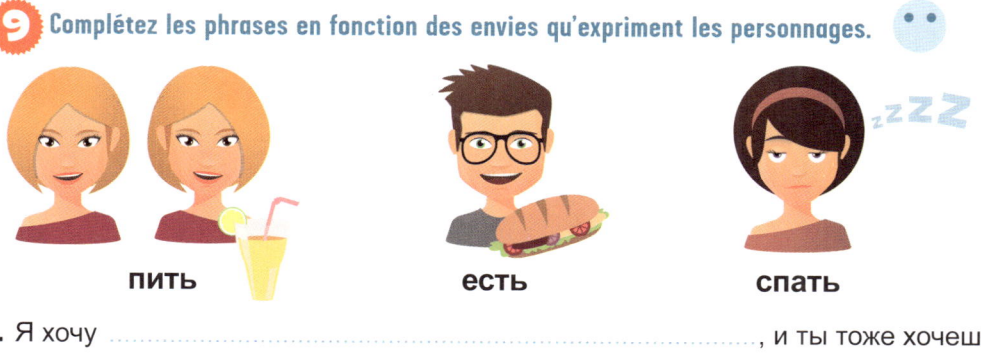

пить        есть        спать

**a.** Я хочу .................................., и ты тоже хочешь.

**b.** Брат хочет .................................., а вы не хотите.

**c.** Мы хотим .................................., но они вряд ли хотят.

# LE VERBE. LE PRÉSENT ET LE FUTUR SIMPLE

**10.** Complétez les formes manquantes des verbes à conjugaison particulière suivants.

|  | я | ты | он | мы | вы | они |
|---|---|---|---|---|---|---|
| дать, *donner* | дам |  | даст | дадим |  | дад… |
| бежать, *courir* |  | бежишь |  |  |  | бег… |
| брать, *prendre* | беру | берёшь |  |  | берёте |  |
| ждать, *attendre* |  |  | ждёт | ждём |  | жд… |
| ехать, *aller* | еду |  | едет |  | едете |  |
| жить, *vivre* |  | живёшь |  | живём |  | жив… |
| звать, *appeler* | зову |  | зовёт |  |  |  |
| любить, *aimer* | люблю | любишь |  |  |  | люб… |
| платить, *payer* | плачу | платишь |  |  |  | пла… |
| спать, *dormir* | сплю |  | спит |  |  | сп… |
| писать, *écrire* |  | пишешь |  | пишем |  | пиш… |
| мочь, *pouvoir* |  |  | может | можем |  | мо… |
| пить, *boire* | пью |  |  | пьём | пьёте |  |
| есть, *manger* |  | ешь |  | едим |  | ед… |

Bravo, vous êtes venu à bout du chapitre 4 ! Il est maintenant temps de comptabiliser les icônes et de reporter le résultat en page 128 pour l'évaluation finale.

# Les pronoms personnels.
# Les pronoms interrogatifs кто et что.
# Le locatif des noms et des adjectifs

## La déclinaison des pronoms

- Les pronoms personnels se déclinent tout comme les noms qu'ils remplacent.

|      | 1ʳᵉ personne | | 2ᵉ personne | | 3ᵉ personne | |
|------|-----------|---------|-----------|---------|-----------|---------|
|      | Singulier | Pluriel | Singulier | Pluriel | Singulier | Pluriel |
| N    | я         | мы      | ты        | вы      | он, оно, она | они |
| G, A | мен<u>я</u> | нас   | теб<u>я</u> | вас   | (н)* его, (н) её | (н) их |
| D    | мне       | нам     | тебе      | вам     | (н) ему, (н) ей | (н) им |
| I    | мной      | нами    | тоб<u>о</u>й | в<u>а</u>ми | (н) им, (н) ей | (н) <u>и</u>ми |
| L    | (обо) мне | (о) нас | (о) теб<u>е</u> | (о) вас | (о) нём, ней | (о) них |

*Le **н** s'ajoute aux pronoms de la 3ᵉ personne s'ils suivent une préposition.

 **Remplacez les compléments d'objet directs et indirects de chaque phrase par les pronoms adaptés et réécrivez la phrase.**

**ex.** Я вижу девочку. *Je vois la fille.*
→ Я её вижу (je la vois)

**a.** Мы знаем эту песню. *Nous connaissons cette chanson.*
→ ..................................................................

**b.** Он знаком с этими людьми. *Il connaît ces gens.*
→ ..................................................................

**c.** Я люблю этот фильм. *J'aime ce film.*
→ ..................................................................

**d.** Ты смеёшься над Сергеем. *Tu te moques de Sergueï.*
→ ..................................................................

# LES PRONOMS PERSONNELS. LES PRONOMS INTERROGATIFS КТО ЕТ ЧТО …

**e.** Вы слышали об этой партии? *Avez-vous entendu parler de ce parti ?*
→ ...........................................................

**f.** Дети были рады видеть свою няню. *Les enfants étaient contents de voir leur nounou.*
→ ...........................................................

**g.** Они не верят своему правительству. *Ils ne font pas confiance à leur gouvernement.*
→ ...........................................................

**h.** Я уже читал эту книгу. *J'ai déjà lu ce livre.*
→ ...........................................................

**i.** Вы купили молоко? *Avez-vous acheté le lait ?*
→ ...........................................................

**j.** Она живёт в этом доме. *Elle vit dans cette maison.*
→ ...........................................................

**2** Complétez les phrases avec le pronom adapté et accordez-le correctement en nombre et en cas.

**a.** Откуда ........ знаешь?, *Comment les connais-tu ?*

**b.** ...... вижу ........ !, *Je te vois !*

**c.** ...... идёте со ........ ?, *Vous venez avec moi ?*

**d.** Это ........ ?, *C'est pour moi ?*

**e.** Хочу представить ............, *Je veux vous le présenter.*

**f.** После школы ...... едем к ......, *Après l'école, nous allons chez elle.*

**g.** ...... встретил ...... вчера, *Il l'a rencontrée hier.*

**h.** Поздравляю ...... !, *Je vous félicite !*

**i.** Как ...... зовут?, *Comment s'appellent-ils ?*

**j.** ...... всегда говорит о ......, *Elle parle toujours de toi.*

**k.** ...... это очень приятно, *Cela nous est très agréable.*

## La déclinaison des pronoms interrogatifs

- Les pronoms interrogatifs **кто**, *qui*, et **что**, *que*, se déclinent assez simplement.

| N | кто | что |
|---|-----|-----|
| G | кого | чего |
| D | кому | чему |
| A | G | N |
| I | кем | чем |
| L | ком | чём |

## LES PRONOMS PERSONNELS. LES PRONOMS INTERROGATIFS КТО ET ЧТО ...

**3** Répondez aux questions suivantes en choisissant le pronom adapté dans la liste donnée.

ними, неё, вас, нас, им, она, мне, тобой, его, тебя, они, тебе

a. – О ком эта песня? – О ..................., Sur nous.
b. – Кто тебе помог? – ..................., Eux.
c. – Кому он дал деньги? – ..................., À eux.
d. – С кем вы идёте в кино? – С ..................., Avec eux.
e. – О ком ты думаешь? – О ..................., À toi.
f. – Кто это поёт? – Это ..................., C'est elle.
g. – Кого ты встретил? – ..................., Lui.
h. – Над кем смеёшься? – Над ..................., De toi.
i. – Без кого ему грустно? – Без ..................., Sans vous.
j. – Для кого эти розы? – Для ..................., Pour toi.
k. – От кого новости? – От ..................., D'elle.
l. – Кому нужны лыжи? – ..................., Moi !

**4** Retrouvez la forme adaptée du pronom interrogatif что.

что, чего, чём, что, чему, чем

a. ................... их беспокоит? Qu'est-ce qui les dérange ?
b. С ................... пирожки? Avec quoi sont fourrés les pirojkis ?
c. О ................... эта книга? De quoi parle ce livre ?
d. ................... он увидел? Qu'est-ce qu'il a vu ?
e. ................... здесь нет? Qu'est-ce qu'il n'y a pas ici ?
f. ................... вы радуетесь? Qu'est-ce qui vous rend content ?

## LES PRONOMS PERSONNELS. LES PRONOMS INTERROGATIFS КТО ЕТ ЧТО …

### Le locatif

- Le locatif est également appelé « prépositionnel », car il s'utilise toujours avec une préposition. Pour indiquer le lieu où l'on se trouve, on utilise les prépositions **в** et **на**.
  - Pour tous les genres, la terminaison au singulier est **-е**, sauf les cas indiqués plus bas.
  - Les noms féminins se terminant par un signe mou ont le locatif singulier en **-и**.
  - Les noms féminins se terminant par **-ия** et les neutres se terminant en **-ие** ont le locatif en **-ии**.
- Le pluriel locatif des durs est en **-ах** et des mous en **-ях**.
- Certains mots masculins ont le locatif en **-у**, ils sont à connaître : **аэропорт, берег, год, лес, мост, нос, пол, сад, угол, шкаф**. Attention, ces mêmes mots ont le locatif en **-е** quand ils sont utilisés avec d'autres prépositions que **в** et **на** : **о лесе**.

Pour récapituler, schématisons :

| | LOCATIF | | |
|---|---|---|---|
| | **Masculin** | **Féminin** | **Neutre** |
| **Singulier** | е/у + exceptions | е/и/ии | е/ии |
| **Pluriel** | | ах/ях | |

**5** Complétez les phrases en utilisant un mot de la liste suivante au locatif.

лес, змея, угол, аэропорт, здание, жизнь, остров, сад, река, балкон

**a.** В ............... важно не сдаваться, *Dans la vie, il est important de ne pas renoncer.*

**b.** Мы говорим о ............... , *Nous parlons de la forêt.*

**c.** В ............... пожар!, *Il y a un incendie dans le bâtiment !*

**d.** В ............... растут цветы, *Dans le jardin, les fleurs poussent.*

**e.** Я уже в ............... , *Je suis déjà à l'aéroport.*

**f.** По ............... плывёт лодка, *Une barque va le long de la rivière.*

**g.** Ты много знаешь о ............... , *Tu connais beaucoup de choses sur les serpents.*

**h.** Бельё сохнет на ............... , *Le linge sèche sur le balcon.*

**i.** На ............... много обезьян, *Dans les îles, il y a beaucoup de singes.*

**j.** Стул стоит в ............... , *La chaise est dans le coin.*

## LES PRONOMS PERSONNELS. LES PRONOMS INTERROGATIFS КТО ЕТ ЧТО ...

**6** Indiquez le locatif des mots entre parenthèses.

**a.** на (стена), *sur le mur* → ...................................................

**b.** в (действительность), *en réalité* → ...................................................

**c.** в (носки), *dans les chaussettes* → ...................................................

**d.** на (картина), *sur le tableau* → ...................................................

**e.** в (кино), *dans le cinéma* → ...................................................

**f.** на (путь), *sur le chemin* → ...................................................

**g.** в (поезд), *dans le train* → ...................................................

**h.** на (гора), *sur la montagne* → ...................................................

**i.** в (рука), *dans la main* → ...................................................

**j.** в (нос), *dans le nez* → ...................................................

**k.** на (уши), *sur les oreilles* → ...................................................

**7** Avec quelle préposition peuvent être utilisés les mots suivants quand on souhaite employer le locatif de position (le lieu où l'on est) ? Placez chaque mot dans la bonne colonne.

**a.** лес, *forêt*
**b.** угол, *coin*
**c.** мост, *pont*
**d.** дом, *maison*
**e.** сад, *jardin*
**f.** трава, *herbe*
**g.** улица, *rue*
**h.** ковёр, *tapis*
**i.** река, *rivière*
**j.** голова, *tête*
**k.** тело, *corps*
**l.** площадь, *place*
**m.** стол, *table*

| НА | В |
|---|---|
|   |   |

# LES PRONOMS PERSONNELS. LES PRONOMS INTERROGATIFS КТО ЕТ ЧТО …

**8** Complétez les phrases suivantes avec le locatif des mots entre parenthèses en choisissant la bonne préposition (в ou на).

a. Таня работает ................................. (почта), *Tania travaille à la poste.*
b. Мы находимся ................................. (аэропорт), *Nous nous trouvons à l'aéroport.*
c. Не копайся ................................. (ящик), *Ne fouille pas dans le tiroir.*
d. Они отдыхают ................................. (море), *Ils passent leurs vacances à la mer.*
e. Диван стоит ................................. (зал), *Le canapé est dans le salon.*
f. ................................. (пол) грязно, *C'est sale par terre.*
g. ................................. (касса) никого нет, *Il n'y a personne à la caisse.*
h. Они стоят ................................. (очередь), *Ils font la queue.*
i. Лодка ................................. (берег), *La barque est sur la rive.*
j. Статуя ................................. (музей), *La statue est au musée.*

**9** Retrouvez le nominatif des noms suivants au locatif et donnez leur genre (masculin : M, féminin : F, neutre : N).

ex. на стене, *sur le mur* → стена, F

a. на суку, *sur une branche* → ...........................
b. в такси, *dans le taxi* → ...........................
c. в доме, *dans la maison* → ...........................
d. на заводе, *dans l'usine* → ...........................
e. в лодке, *dans la barque* → ...........................
f. в воде, *dans l'eau* → ...........................
g. на земле, *par terre* → ...........................
h. в холодильнике, *dans le frigo* → ...........................
i. в ночи, *dans la nuit* → ...........................
j. на горе, *sur la montagne* → ...........................
k. в школе, *à l'école* → ...........................

Bravo, vous êtes venu à bout du chapitre 5 ! Il est maintenant temps de comptabiliser les icônes et de reporter le résultat en page 128 pour l'évaluation finale.

# Le passé. Les cardinaux et les ordinaux

## La formation du passé

- Le passé des verbes russes est très simple en comparaison du français ! Sa particularité est qu'il reprend le principe des terminaisons des 3 genres : une consonne **-л** pour le masculin, **-ла** pour le féminin et **-ло** pour le neutre. Le pluriel de tous les genres se contente d'une seule terminaison **-ли**.

- Il se forme donc avec la base de l'infinitif et les terminaisons du passé énumérées ci-dessus : **шить**, *coudre*, **ши-ть**, **шил**, *il cousait*, **шила**, *elle cousait*, **шило**, *ça cousait*, **шили**, *ils/elles cousaient*.

- Le passé des verbes réfléchis est formé de la même manière avec l'ajout des terminaisons réfléchies aux terminaisons habituelles du passé : **-ся** pour le masculin et **-сь** pour les autres (féminin, neutre, pluriel). Observez : **мыться**, *se laver*, **мы-ть-ся — мылся**, **мылась**, **мылось**, **мылись**.

**1** Conjuguez les verbes au masculin, au féminin et au pluriel.

|  | Masculin | Féminin | Pluriel |
|---|---|---|---|
| **бежать,** *courir* | бежал |  |  |
| **ждать,** *attendre* |  | ждала |  |
| **ехать,** *aller* |  |  | ехали |
| **жить,** *vivre* |  | жила |  |
| **звать,** *appeler* |  |  | звали |
| **любить,** *aimer* | любил |  |  |
| **платить,** *payer* |  |  | платили |
| **спать,** *dormir* |  | спала |  |
| **писать,** *écrire* |  |  | писали |
| **пить,** *boire* |  | пила |  |
| **есть,** *manger* | ел |  |  |

# LE PASSÉ. LES CARDINAUX ET LES ORDINAUX

## Le passé des verbes irréguliers

- Évidemment, les verbes irréguliers compliquent un peu la tâche, mais c'est seulement la base du verbe qui change, les terminaisons suivent le même principe que pour les verbes réguliers : **идти**, *marcher*, **- шёл, шла, шло, шли** ; **мочь**, *pouvoir*, **- мог, могла, могло, могли** ; **умереть**, *mourir*, **- умер, умерла, умерло, умерли** ; **нести**, *porter*, **- нёс, несла, несло, несли** ; **вести**, *emmener*, **- вёл, вела, вело, вели** ; **везти**, *transporter*, **- вёз, везла, везло, везли**.

**2** Conjuguez les verbes suivants au passé en les accordant avec le pronom proposé.

**a.** гулять, *se promener* → мы .................................

**b.** отдать, *donner* → он .................................

**c.** рисовать, *dessiner* → ты .................................

**d.** целовать, *embrasser* → они .................................

**e.** делать, *faire* → вы .................................

**f.** идти, *marcher* → он .................................

**g.** решать, *décider* → я .................................

**h.** смотреть, *regarder* → она .................................

**i.** идти, *marcher* → они .................................

**j.** везти, *transporter* → он .................................

**k.** уйти, *partir* → вы .................................

**l.** резать, *couper* → они .................................

# LE PASSÉ. LES CARDINAUX ET LES ORDINAUX

**3** Conjuguez les verbes suivants au passé en les accordant avec le pronom proposé.

**a.** ругаться, *se disputer* → вы .................................................

**b.** нежиться, *se prélasser* → я .................................................

**c.** смеяться, *rire* → он .................................................

**d.** прятаться, *se cacher* → они .................................................

**e.** тренироваться, *s'entraîner* → мы .................................................

**f.** раздаться, *retentir* → он .................................................

**g.** вырваться, *s'échapper* → я .................................................

**h.** открыться, *s'ouvrir* → она .................................................

**i.** разуться, *se déchausser* → вы .................................................

**j.** радоваться, *se réjouir* → ты .................................................

**k.** бояться, *craindre* → мы .................................................

**l.** кружиться, *tourner* → она .................................................

**4** Écrivez en toutes lettres les chiffres suivants.

**a.** 0 → .................................................

**b.** 1 → .................................................

**c.** 2 → .................................................

**d.** 3 → .................................................

**e.** 4 → .................................................

**f.** 5 → .................................................

**g.** 6 → .................................................

**h.** 7 → .................................................

**i.** 8 → .................................................

**j.** 9 → .................................................

**k.** 10 → .................................................

## Les cardinaux один et два

- Les déterminants cardinaux un et deux s'accordent en genre avec le nom. On dira ainsi **один мальчик**, un garçon, ou **два мальчика**, deux garçons, mais **одно окно**, une fenêtre, **одна девочка**, une fille, **две девочки**, deux filles.

# LE PASSÉ. LES CARDINAUX ET LES ORDINAUX

**5** Écrivez en toutes lettres les chiffres suivants en les accordant avec le nom.

a. 1 дверь, *une porte* →

b. 2 бутылки, *deux bouteilles* →

c. 1 слон, *un éléphant* →

d. 2 глаза, *deux yeux* →

e. 1 лампа, *une lampe* →

f. 1 кольцо, *un anneau* →

g. 3 банана, *trois bananes* →

h. 2 барана, *deux moutons* →

i. 1 вешалка, *un cintre* →

j. 2 учителя, *deux instituteurs* →

k. 1 чемодан, *une valise* →

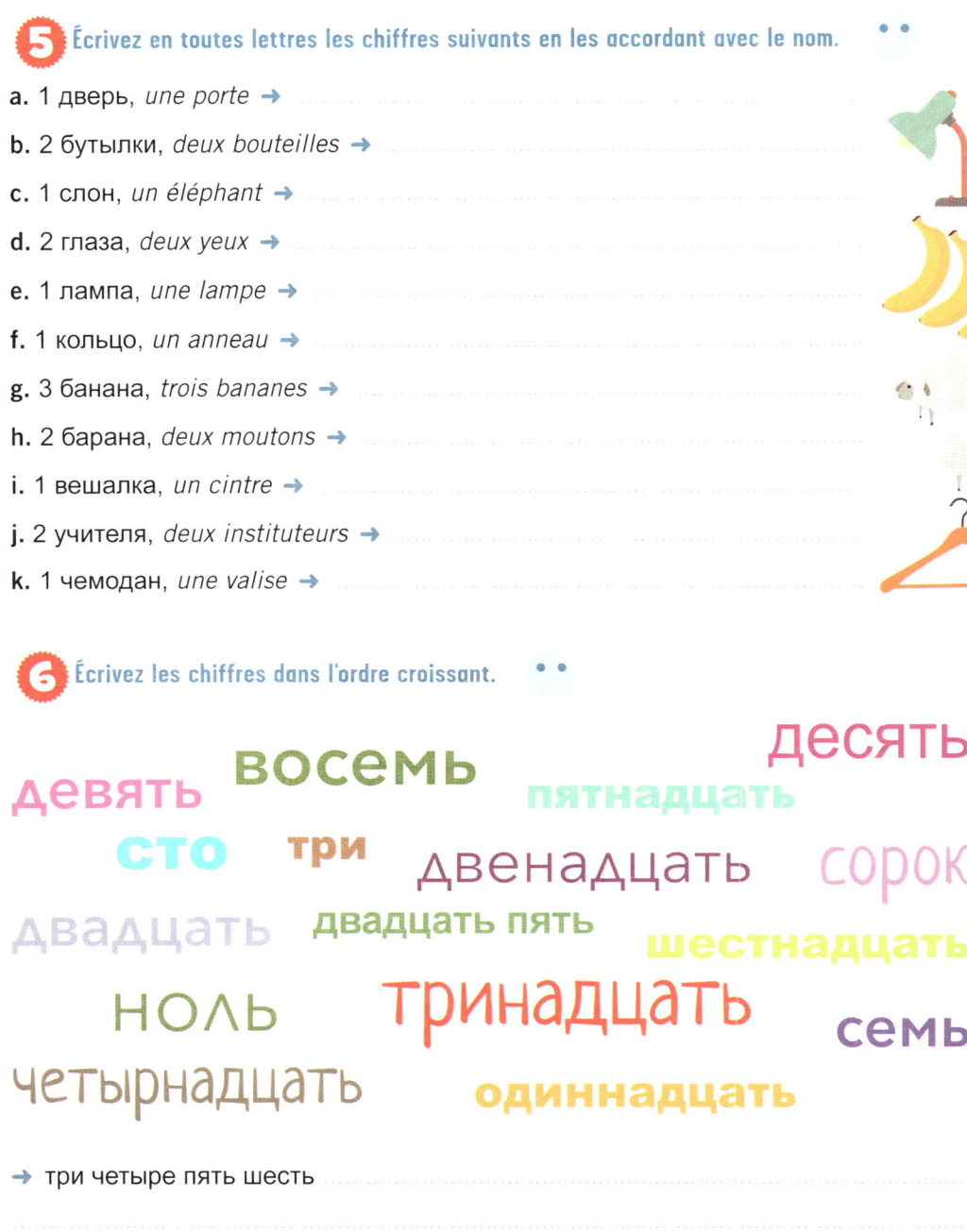

**6** Écrivez les chiffres dans l'ordre croissant.

девять   восемь   десять   пятнадцать   сто   три   двенадцать   сорок   двадцать   двадцать пять   шестнадцать   ноль   тринадцать   семь   четырнадцать   одиннадцать

→ три четыре пять шесть

# LE PASSÉ. LES CARDINAUX ET LES ORDINAUX

**7** Retrouvez l'infinitif des verbes suivants et donnez leur traduction.

**ex.** я могла → мочь, pouvoir

**a.** он был → .....................
**b.** мы спали → .....................
**c.** они ходили → .....................
**d.** она хотела → .....................
**e.** ты пела → .....................
**f.** он пил → .....................
**g.** вы дали → .....................
**h.** я учил → .....................
**i.** он ел → .....................
**j.** мы купили → .....................
**k.** они давали → .....................
**l.** вы звали → .....................

## L'accord des cardinaux

- Les cardinaux russes ont des terminaisons adjectivales. Ils s'accordent donc en nombre et en genre avec les noms et se déclinent comme les adjectifs.

**8** Donnez les cardinaux à l'origine des ordinaux proposés.

**ex.** третий → три

**a.** шестой → .....................
**b.** четвёртый → .....................
**c.** девятый → .....................
**d.** первый → .....................
**e.** нулевой → .....................
**f.** десятый → .....................
**g.** пятый → .....................
**h.** второй → .....................
**i.** восьмой → .....................
**j.** седьмой → .....................
**k.** одиннадцатый → .....................

**9** Accordez les ordinaux en nombre et en genre avec les noms qui les suivent.

**a. (первый)** книга, *premier livre* → .....................
**b. (седьмой)** небо, *septième ciel* → .....................
**c. (девятый)** ряд, *neuvième rangée* → .....................
**d. (второй)** на финише, *deuxièmes à l'arrivée* → .....................
**e. (третий)** мороженое, *troisième glace* → .....................
**f. (шестой)** бокал, *sixième verre* → .....................

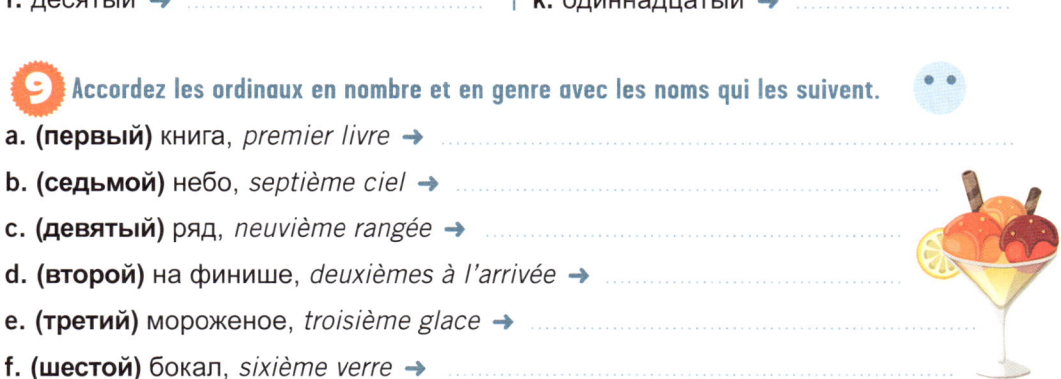

# LE PASSÉ. LES CARDINAUX ET LES ORDINAUX

**g. (десятый)** этаж, *dixième étage* → ...........................

**h. (четвёртый)** волна, *quatrième vague* → ...........................

**i. (двенадцатый)** студентка, *douzième étudiante* → ...........................

**j. (восьмой)** слово, *huitième parole* → ...........................

**k. (одиннадцатый)** сапоги, *onzièmes bottes* → ...........................

**l. (пятый)** уровень, *cinquième niveau* → ...........................

## 10 Transformez les cardinaux suivants en ordinaux féminins.

**ex.** три → третья

**a.** один → ...........................

**b.** шесть → ...........................

**c.** пятнадцать → ...........................

**d.** десять → ...........................

**e.** четыре → ...........................

**f.** семь → ...........................

**g.** пять → ...........................

**h.** два → ...........................

**i.** двадцать → ...........................

**j.** семнадцать → ...........................

## 11 Conjuguez les verbes aux temps et aux personnes indiquées.

|  | PRÉSENT | | | PASSÉ | | |
|---|---|---|---|---|---|---|
|  | 1re pers. sing. | 2e pers. sing. | 3e pers. pluriel | Masculin | Féminin | Pluriel |
| **делать,** *faire* | | | | | | |
| **мочь,** *pouvoir* | | | | | | |
| **говорить,** *parler* | | | | | | |

Bravo, vous êtes venu à bout du chapitre 6 ! Il est maintenant temps de comptabiliser les icônes et de reporter le résultat en page 128 pour l'évaluation finale.

# La déclinaison des pronoms possessifs. L'adverbe

## La déclinaison des possessifs

- Les pronoms possessifs se déclinent aussi. Le tableau ci-dessous regroupe les pronoms par type de déclinaison.

- Les possessifs **мой**, *mon*, **твой**, *ton*, **свой**, *son,* se déclinent de la même façon :

|   | Masculin, Neutre | Féminin | Pluriel |
|---|---|---|---|
| N | мой, моё | моя | мои |
| G | моего | моей | моих |
| D | моему | моей | моим |
| A | N ou G | мою | N ou G |
| I | моим | моей | моими |
| L | моём | моей | моих |

- Les possessifs pluriels **наш**, *notre,* et **ваш**, *votre,* ont également la même déclinaison :

|   | Masculin, Neutre | Féminin | Pluriel |
|---|---|---|---|
| N | наш, наше | наша | наши |
| G | нашего | нашей | наших |
| D | нашему | нашей | нашим |
| A | N ou G | нашу | N ou G |
| I | нашим | нашей | нашими |
| L | нашем | нашей | наших |

- La bonne nouvelle est que *mon* et *le mien* se traduisent par le même pronom **мой**.

- Les possessifs de la 3ᵉ personne sont les mêmes pour tous les genres et pour tous les cas : **его**, **её**, **их**. Ils s'accordent toujours avec le sujet : **Это его рубашка**, *C'est sa chemise.* Le possesseur est une personne de sexe masculin et le possessif est au masculin malgré le genre de l'objet possédé (**рубашка** est féminin).

###  Choisissez la forme correcte.

**ex.** наш
  наша ——— дочь, *fille*
  наши

**a.** её
  свой   виза, *visa*
  наши

**b.** мой
  твоя   дети, *enfants*
  твои

**c.** ваши
  твой   кровать, *lit*
  их

# LA DÉCLINAISON DES PRONOMS POSSESSIFS. L'ADVERBE

**d.** моя
мой    собака, *chien*
мои

**e.** свои
своё    мечты, *rêves*
ваш

**f.** наша
наш    зеркало, *miroir*
наше

**g.** его
твоё    причёска, *coiffure*
мой

**h.** ваше
твой    кошелёк, *porte-monnaie*
свои

**2** Complétez le singulier ou le pluriel.

| Singulier | Pluriel |
|---|---|
| **a.** .................... | мои красные сапоги, *mes bottes rouges* |
| **b.** .................... | наши осенние шапки, *nos bonnets d'automne* |
| мой новый велосипед, *mon nouveau vélo* | **c.** .................... |
| их белый плащ, *leur imperméable blanc* | **d.** .................... |
| **e.** .................... | твои красные цветы, *tes fleurs rouges* |
| её синяя блузка, *son chemisier bleu* | **f.** .................... |
| **g.** .................... | ваши лёгкие упражнения, *vos exercices simples* |
| своя плохая привычка, *sa mauvaise habitude* | **h.** .................... |
| **i.** .................... | его старые друзья, *ses vieux amis* |
| **j.** .................... | ваши долгие истории, *vos histoires longues* |
| твоя жёлтая шляпа, *ton chapeau jaune* | **k.** .................... |
| **l.** .................... | мои грязные руки, *mes mains sales* |

**LA DÉCLINAISON DES PRONOMS POSSESSIFS. L'ADVERBE**

**3** Complétez chaque phrase avec le bon pronom possessif.

**ex.** – Чей это стол? *À qui est la table?*

– Мой............, *À moi.*

**a.** – Чья это собака? *À qui est le chien?*

– ................, *À eux.*

**b.** – О чьих детях они говорят? *Ils parlent des enfants de qui?*

– О ................, *Des nôtres.*

**c.** – Чьей команде дали флаг? *À l'équipe de qui a-t-on donné le drapeau?*

– ................, *À la nôtre.*

**d.** – Чьего стула здесь нет? *La chaise de qui manque ici?*

– ................, *La vôtre.*

**e.** – С чьим ребёнком ты идёшь в парк? *Avec l'enfant de qui vas-tu au parc?*

– С ................, *Avec le sien.*

**f.** – В нашем классе новый учитель. *Dans notre classe, il y a un nouvel instituteur.*

– В ................ тоже, *Dans la mienne aussi.*

**g.** – Они проводят свой отпуск на Канарах. *Ils passent leurs congés aux Canaries.*

– А мы ................ на даче, *Et nous, nous passons les nôtres à la datcha.*

**h.** – Чьи это ключи? *À qui sont ces clés?*

– Это ................ ключи, *Ce sont ses clés à elle.*

**i** – В их доме нет света. *Dans leur maison, il n'y a pas de lumière.*

– А в ................ есть, *Et dans la vôtre, il y en a.*

**j.** – Кому они подарили цветы? *À qui ont-ils offert les fleurs?*

– ................ маме, *À notre maman.*

# LA DÉCLINAISON DES PRONOMS POSSESSIFS. L'ADVERBE

**4** Utilisez le pronom possessif adapté dans chaque liste.

**A. свои / твоё / моя / его**

a. лицо, *visage* → ...................

b. юбка, *jupe* → ...................

c. проблемы, *problèmes* → ...................

d. дочь, *fille* → ...................

**B. ваше / наш / твоя / их**

a. бабушка, *mamie* → ...................

b. предложение, *proposition* → ...................

c. район, *quartier* → ...................

d. правила, *règles* → ...................

**C. её / моя / ваши / твой**

a. подруга, *amie* → ...................

b. давление, *tension* → ...................

c. дом, *maison* → ...................

d. результаты, *résultats* → ...................

## Les adverbes

- Le plus souvent, les adverbes russes caractérisent une action et sont rattachés à un verbe. Parfois, on les utilise avec un adjectif pour caractériser le sens de ce dernier ou bien il accompagne directement un nom.
- L'adverbe est très facile à utiliser, car cette catégorie de mots est invariable : pas de conjugaison ni de déclinaison à retenir !
- Beaucoup d'adverbes se terminent par un **o**, d'autres par un **a**, et d'autres encore ont des terminaisons plus particulières.

**5** Reliez la bonne traduction à l'adverbe correspondant.

a. быстро
b. медленно
c. никогда
d. редко
e. иногда
f. хорошо
g. всегда
h. отлично
i. рано
j. часто
k. плохо
l. поздно

1. *rarement*
2. *toujours*
3. *tard*
4. *parfaitement*
5. *vite*
6. *souvent*
7. *lentement*
8. *mal*
9. *bien*
10. *jamais*
11. *tôt*
12. *parfois*

## LA DÉCLINAISON DES PRONOMS POSSESSIFS. L'ADVERBE

**6** Soulignez tous les adverbes de la liste suivante et donnez leur traduction.

сто / лицо/ рано / медленно / окно / опасно / затем / с начала / сначала / рана / влево / пот / потом / рельсы

→ ..................................................................................................................
..................................................................................................................
..................................................................................................................

**7** Remplissez la grille à l'aide des mots de la colonne de gauche en les plaçant selon leurs traductions.

| | | |
|---|---|---|
| 1. écharpe | шляпа | |
| 2. jupe | пальто | |
| 3. pantalon | носки | |
| 4. chaussettes | куртка | |
| 5. short | футболка | |
| 6. culotte | юбка | |
| 7. chapeau | галстук | |
| 8. robe | брюки | |
| 9. blouson | трусы | |
| 10. veste | пиджак | |
| 11. manteau | ~~шарф~~ | |
| 12. cravate | рубашка | |
| 13. chemise | перчатки | |
| 14. T-shirt | шорты | |
| 15. gants | платье | |

| 1 | ш | а | р | ф | | |
|---|---|---|---|---|---|---|
| 2 | | | | | | |
| 3 | | | | | | |
| 4 | | | | | | |
| 5 | | | | | | |
| 6 | | | | | | |
| 7 | | | | | | |
| 8 | | | | | | |
| 9 | | | | | | |
| 10 | | | | | | |
| 11 | | | | | | |
| 12 | | | | | | |
| 13 | | | | | | |
| 14 | | | | | | |
| 15 | | | | | | |

## Écriture des particules

• Les particules **то, либо, нибудь, кое** s'écrivent avec un trait d'union : **кто-то, что-нибудь, где-либо, кое-кто**.

# LA DÉCLINAISON DES PRONOMS POSSESSIFS. L'ADVERBE

 **Remplissez les trous en utilisant les mots de la liste.**

**кто-то / где-то / когда-нибудь / зачем-то / когда-то / что-то**

a. Он ................................ нашёл три книги. *Il a trouvé trois livres quelque part.*
b. Они всё время ................ рассказывают. *Ils racontent toujours quelque chose.*
c. Ты ............ научишься готовить? *Est-ce que tu apprendras à cuisiner un jour ?*
d. ........................................ постучал в дверь. *Quelqu'un a frappé à la porte.*
e. ............ и он жил в этом городе. *Autrefois, il a aussi vécu dans cette ville.*
f. ............ она принесла стул. *On ne sait pas pourquoi elle a apporté une chaise.*

 **Remettez les lettres dans l'ordre pour obtenir les traductions des adverbes suivants.**

a. *vaillamment* : **ЕСОЛМ** ..................
b. *tôt* : **ОНРА** ..................
c. *d'un coup* : **АСЗУР** ..................
d. *bientôt* : **ОКРСО** ..................
e. *simplement* : **СОРТОП** ..................
f. *ensemble* : **ТВЕСЕМ** ..................
g. *longtemps* : **ЛОГДО** ..................

 **Entourez la bonne réponse.**

a. *mauvais*
 1. плохой
 2. плохо
 3. плохая

b. *fortement*
 1. сильно
 2. сильный
 3. сильное

c. *parfaite*
 1. отличная
 2. отлично
 3. отличные

d. *facilement*
 1. лёгкий
 2. лёгок
 3. легко

**Séparez cette suite de lettres pour former 7 adverbes, puis listez-les.**

быстрораноопасномедленноскучновеселопоздно

.................................................... ....................................................
.................................................... ....................................................
.................................................... ....................................................

Bravo, vous êtes venu à bout du chapitre 7 ! Il est maintenant temps de comptabiliser les icônes et de reporter le résultat en page 128 pour l'évaluation finale.

# Le génitif singulier. Le génitif des adjectifs

## Le génitif singulier des noms

- Le génitif est un cas très utile. C'est le cas du complément de nom et de la provenance. Au singulier, tout est simple :
  – Les masculins et les neutres ont le génitif en **-а** (pour les durs) ou **-я** (pour les mous).
  – Les féminins ont le génitif singulier en **-ы** ou **-и**.

- Le génitif est employé pour désigner l'appartenance d'un objet, sa provenance ou un partitif. Après les mots de quantité, on utilise le génitif. L'absence totale d'un objet nécessite également son utilisation : **У меня нет воды**, *Je n'ai pas d'eau* ; **Налей мне стакан сока**, *Verse-moi un verre de jus* ; **Это сумка мамы**, *C'est le sac de maman*.

**1** Complétez avec le mot interrogatif adapté (le même mot peut être utilisé plusieurs fois).

чьё   чей   чья   чьи

a. ............................ это галстук? *À qui est cette cravate ?*

b. ............................ это брюки? *À qui est ce pantalon ?*

c. ............................ это рубашка? *À qui est cette chemise ?*

d. ............................ это растение? *À qui est cette plante ?*

e. ............................ это карандаши? *À qui sont ces crayons ?*

f. ............................ это шарф? *À qui est cette écharpe ?*

g. ............................ это семья? *À qui est cette famille ?*

## LE GÉNITIF SINGULIER. LE GÉNITIF DES ADJECTIFS

**2** Choisissez la forme correcte du génitif.

**ex.** зимы
зиму — зима, *hiver*
зима

**a.** рисы
риса   рис, *riz*
риси

**b.** моря
морю   море, *mer*
мори

**c.** жени
женя   жена, *épouse*
жены

**d.** слоны
слоня   слон, *éléphant*
слона

**e.** мечты
мечта   мечта, *rêve*
мечти

**f.** зеркаля
зеркала   зеркало, *miroir*
зеркалы

**g.** расчёскы
расчёски   расчёска, *brosse*
расчёскя

**h.** стулы
стула   стул, *chaise*
стули

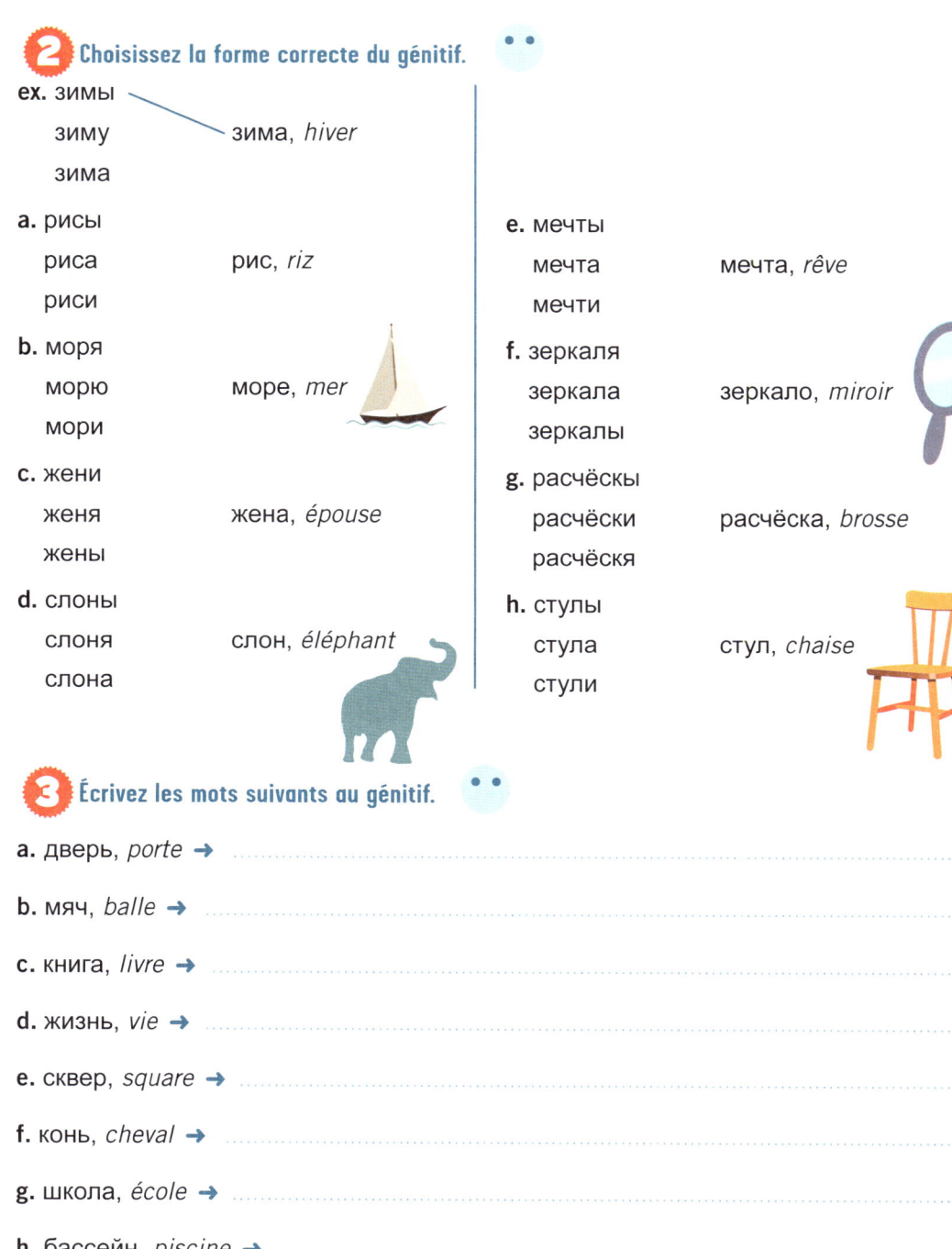

**3** Écrivez les mots suivants au génitif.

**a.** дверь, *porte* →

**b.** мяч, *balle* →

**c.** книга, *livre* →

**d.** жизнь, *vie* →

**e.** сквер, *square* →

**f.** конь, *cheval* →

**g.** школа, *école* →

**h.** бассейн, *piscine* →

## LE GÉNITIF SINGULIER. LE GÉNITIF DES ADJECTIFS

### Le génitif des noms propres

- Les noms propres suivent la même logique : s'ils se terminent comme des féminins (les diminutifs, par exemple), ils se déclinent comme les noms féminins : **Коля**, *Kolia* (diminutif de Nicolaï) – **Коли**.
- N'oubliez pas la règle d'incompatibilité orthographique. Elle est très importante au génitif.

**4** Retrouvez le nominatif singulier des génitifs suivants et donnez leur genre (masculin : M, féminin : F, neutre : N).

**ex.** воды, *eau* → вода, F

**a.** ребёнка, *enfant* → ..................

**b.** мысли, *pensée* → ..................

**c.** неба, *ciel* → ..................

**d.** тетради, *cahier* → ..................

**e.** ножа, *couteau* → ..................

**f.** окна, *fenêtre* → ..................

**g.** предложения, *proposition* → ..................

**h.** врача, *médecin* → ..................

**5** Formez une phrase à l'aide des mots donnés.

**ex.** шарф – папа, *écharpe – papa* → Это шарф папы

**a.** коляска – девочка, *poussette – petite fille* → ..................

**b.** дочь – Олег, *fille – Oleg* → ..................

**c.** слава – город, *gloire – ville* → ..................

**d.** пуговица – пижама, *bouton – pyjama* → ..................

**e.** свет – фонарь, *lumière – réverbère* → ..................

**f.** речь – президент, *discours – président* → ..................

**g.** перелом – плечо, *fracture – épaule* → ..................

**h.** свет – звезда, *lumière – étoile* → ..................

**i.** шум – прибой, *bruit – ressac* → ..................

**j.** знамя – отряд, *drapeau – détachement* → ..................

## LE GÉNITIF SINGULIER. LE GÉNITIF DES ADJECTIFS

**6** Traduisez les phrases suivantes.

a. *Le livre de Sacha.* →

b. *La lampe de maman.* →

c. *Le téléphone de Sergueï.* →

d. *Le fils de l'ami.* →

e. *Le rêve d'un poète.* →

f. *La chaise d'Egor.* →

g. *L'année de la Russie.* →

### Le génitif des adjectifs

- Le génitif des adjectifs masculins et neutres durs se termine par **-ого** : **белый** – **белого**. Pour les adjectifs masculins et neutres mous, la terminaison est **-его** : **синее** – **синего**. Quand la terminaison n'est pas accentuée et que la base de l'adjectif est en **ж**, **ц**, **ч**, **ш**, **щ** la terminaison se transforme également en **-его** : **хороший** – **хорошего**.
- Les adjectifs féminins durs se terminent par **-ой** et les mous par **-ей** : **белая** – **белой** ; **синяя** – **синей**. Après **ж**, **ц**, **ч**, **ш**, **щ** dans la terminaison non accentuée on écrit **-ей** : **хорошая** – **хорошей**.

**7** Écrivez les adjectifs suivants au génitif.

a. быстрый, *rapide* →

b. частая, *fréquente* →

c. рыжее, *roux* →

d. каждый, *chacun* →

e. могучая, *puissante* →

f. какой, *quel* →

g. грядущий, *futur* →

# LE GÉNITIF SINGULIER. LE GÉNITIF DES ADJECTIFS

**8** Écrivez les phrases suivantes au génitif.

**ex.** хороший мальчик, *bon garçon* → хорошего мальчика

**a.** тихая гавань, *havre de paix* → ........................

**b.** красный помидор, *tomate rouge* → ........................

**c.** бывший учитель, *ancien instituteur* → ........................

**d.** зелёная трава, *herbe verte* → ........................

**e.** новое зеркало, *nouveau miroir* → ........................

**f.** чёрная дыра, *trou noir* → ........................

**g.** спокойный характер, *caractère calme* → ........................

**9** Formez une phrase à l'aide des groupes nominaux donnés.

**ex.** тихая улица, *rue tranquille*
→ Здесь нет тихой улицы. Ici, il n'y a pas de rue tranquille.

**a.** Хороший ресторан, *bon restaurant*
→ ........................

**b.** Отличная оценка, *excellente note*
→ ........................

**c.** Новый ученик, *nouvel élève*
→ ........................

**d.** Разбитое окно, *vitre cassée*
→ ........................

**e.** Редкий вид, *espèce rare*
→ ........................

**f.** Сильный дождь, *forte pluie*
→ ........................

## LE GÉNITIF SINGULIER. LE GÉNITIF DES ADJECTIFS

### Prépositions régissant le génitif

- Certaines prépositions entraînent l'emploi du génitif : **без**, *sans*, **до**, *jusqu'à*, **от**, *de (chez quelqu'un), de la part de*, **из**, *de (provenance)*, **для**, *pour*, **после**, *après*, **у**, *chez (quelqu'un)*, **около**, *à côté*, etc.

**10** Complétez les pointillés à l'aide des terminaisons du génitif.

**a.** Из далёк ........ края. *Du pays lointain.*

**b.** У лучш ........ подруги. *Chez la meilleure amie.*

**c.** От тайн ........ почитателя. *De la part d'un admirateur secret.*

**d.** Без хорош ........ новости. *Sans bonne nouvelle.*

**e.** Около перв ........ дома. *À côté de la première maison.*

**f.** Для прекрасн ........ девушки. *Pour une belle demoiselle.*

**g.** До дальн ........ родственника. *Jusqu'au parent lointain.*

**11** Complétez ce poème de Korneï Tchoukovski en mettant le mot entre parenthèses au bon cas.

**a.** У (я) зазвонил телефон. *Mon téléphone a sonné.*

**b.** – (Кто) говорит? – Слон. *– Qui est à l'appareil ? – L'éléphant.*

**c.** – Откуда? – От (верблюд). *– D'où téléphonez-vous ? – De chez le chameau.*

**d.** – Что вам надо? – (Шоколад). *– Que voulez-vous ? – Du chocolat.*

**e.** – Для (кто)? Для (сын) моего. *– Pour qui ? – Pour mon fils.*

Bravo, vous êtes venu à bout du chapitre 8 ! Il est maintenant temps de comptabiliser les icônes et de reporter le résultat en page 128 pour l'évaluation finale.

# Le génitif pluriel. L'accord des cardinaux. Les mots de quantité

## Le génitif pluriel des masculins

- Les noms masculins se terminant par une consonne dure ont le génitif pluriel en **-ов**, etc.
- Les noms masculins se terminant par un signe mou ont un génitif pluriel en **-ей** et ceux qui se terminent en **-й** l'ont en **-ев**. Si la base du nom masculin est en chuintante (**ж, ч, ш, щ**), le génitif pluriel se transforme en **-ей** : **нож – ножей, врач – врачей**.

**1** Retrouvez le nominatif singulier des noms masculins suivants au génitif pluriel.

**ex.** столов, *table* → стол

**a.** шкафов, *armoire* →
**b.** гениев, *génie* →
**c.** дней, *jour* →
**d.** уроков, *leçon* →
**e.** мужей, *mari* →
**f.** домов, *maison* →
**g.** галстуков, *cravate* →

## Le génitif pluriel des féminins

- Le génitif pluriel des féminins se terminant par **-а** est « zéro » : **рука – рук**.
- Les féminins en signe mou ont le génitif pluriel en **-ей** : **ночь – ночей** ; celui des noms en **-я** se termine par le signe mou : **гиря – гирь**. Les féminins en **-ия** ont le génitif pluriel en **-ий** : **конституция – конституций**.

**2** Indiquez le nominatif singulier des noms féminins suivants au génitif pluriel.

**ex.** рук, *main* → рука

**a.** книг, *livre* →
**b.** голов, *tête* →
**c.** революций, *révolution* →
**d.** жизней, *vie* →
**e.** губ, *lèvre* →
**f.** пил, *scie* →
**g.** газет, *journal* →

# LE GÉNITIF PLURIEL. L'ACCORD DES CARDINAUX. LES MOTS DE QUANTITÉ

## Le génitif pluriel : les neutres

- Les noms neutres se terminant par **-o** ont le génitif pluriel « zéro » : **зеркало** – **зеркал**.
- Les noms neutres se terminant par **-e/-ё** ont le génitif pluriel en **-ей** : **море** – **морей**. Les mots se terminant en **-ие** prennent **-ий**.
- Les neutres en **-мя** ont une déclinaison particulière.

### 3. Indiquez le nominatif singulier des noms neutres suivants au génitif pluriel.

**ex.** окон, *fenêtre* → ОКНО

**a.** лиц, *visage* →

**b.** дел, *affaire* →

**c.** зданий, *bâtiment* →

**d.** полей, *champs* →

**e.** мест, *place* →

**f.** вин, *vin* →

**g.** яблок, *pomme* →

### 4. Déclinez les mots suivants au génitif pluriel.

**a.** игра, *jeu* →

**b.** фильм, *film* →

**c.** море, *mer* →

**d.** карандаш, *crayon* →

**e.** туча, *nuage* →

**f.** одеяло, *couverture* →

**g.** коса, *tresse* →

**h.** хвост, *queue* →

## Le génitif quantitatif

- Le génitif est le cas du complément de nom et de la provenance, mais aussi de l'absence, du partitif et de la quantité. Ainsi, certains mots exprimant la quantité ou introduisant l'idée de l'absence de quelque chose nécessitent l'emploi du génitif : **стакан воды**, *un verre d'eau* ; **нет воды**, *il n'y a pas d'eau*. Quand le mot exprimant une quantité est suivi d'un nom indénombrable, ce dernier prend la marque du génitif singulier. Quand il s'agit d'un nom dénombrable, le mot prend la marque du génitif pluriel.

## LE GÉNITIF PLURIEL. L'ACCORD DES CARDINAUX. LES MOTS DE QUANTITÉ

**5** Construisez les phrases d'après le modèle.

**ex.** книги, *les livres* → Нет книг............................., *Il n'y a pas de livres.*
**a.** телефоны, *les téléphones* → Нет............................., *Il n'y a pas de téléphones.*
**b.** реки, *les rivières* → Нет............................., *Il n'y a pas de rivières.*
**c.** окно, *une fenêtre* → Нет............................., *Il n'y a pas de fenêtre.*
**d.** кирпичи, *les briques* → Нет............................., *Il n'y a pas de briques.*
**e.** газеты, *les journaux* → Нет............................., *Il n'y a pas de journaux.*
**f.** стаканы, *les verres* → Нет............................., *Il n'y a pas de verres.*
**g.** тетради, *les cahiers* → Нет............................., *Il n'y a pas de cahiers.*

**6** Mettez les mots entre parenthèses au génitif singulier ou au génitif pluriel.

**a.** ведро (**вода**), *un seau d'eau* → ведро .............................
**b.** много (**яблоко**), *beaucoup de pommes* → много .............................
**c.** миллион (**роза**), *un million de roses* → миллион .............................
**d.** кружка (**молоко**), *une tasse de lait* → кружка .............................
**e.** мало (**энергия**), *peu d'énergie* → мало .............................
**f.** пачка (**сигарета**), *un paquet de cigarettes* → пачка .............................
**g.** кастрюля (**суп**), *une casserole de soupe* → кастрюля .............................

**7** Complétez les blancs à l'aide des étiquettes proposées.

альбом   упражнение   учитель   кастрюля   школа   гвоздь   молоко

**a.** нет ............................., *il n'y a pas de clous*
**b.** много ............................., *beaucoup d'exercices*
**c.** стакан ............................., *un verre de lait*
**d.** мало ............................., *peu d'écoles*
**e.** огромное количество ............................., *une grande quantité d'instituteurs*
**f.** этажерка ............................., *une étagère d'albums*
**g.** несколько ............................., *plusieurs casseroles*

# LE GÉNITIF PLURIEL. L'ACCORD DES CARDINAUX. LES MOTS DE QUANTITÉ

## L'accord des cardinaux

- Il existe une règle importante d'accord des cardinaux et des noms :
  - après le chiffre 1 et tous les nombres qui se terminent par 1, à l'exception de 11 (21, 31, 101, etc.), on emploie le nominatif singulier.
  - après les chiffres 2, 3, 4 et tous les nombres qui se terminent par 2, 3 et 4, on emploie le génitif singulier.
  - après les nombres entre 5 et 20 et tous les chiffres qui se terminent par 5 à 9, on emploie le génitif pluriel. Il est important de constater qu'on emploie le génitif pluriel après le zéro **ноль**.

### 8 Accordez le mot au bon cas.

**a.** одна (**девочка**), *une fille* → одна ..................

**b.** шесть (**море**), *six mers* → шесть ..................

**c.** двадцать четыре (**лист**), *vingt-quatre feuilles* → двадцать четыре ..................

**d.** три (**кружка**), *trois tasses* → три ..................

**e.** двадцать одно (**окно**), *vingt et une fenêtres* → двадцать одно ..................

**f.** пятнадцать (**вентилятор**), *quinze ventilateurs* → пятнадцать ..................

**g.** десять (**рубль**), *dix roubles* → десять ..................

**h.** двенадцать (**рыба**), *douze poissons* → двенадцать ..................

### 9 Reliez les mots aux nombres correspondants.

| | | | | |
|---|---|---|---|---|
| **a.** лицо, *visage* | одно | | **i.** кровать, *lit* | тридцать три |
| **b.** ребёнка, *enfant* | одиннадцать | | **j.** карандашей, *crayon* | шестнадцать |
| **c.** девочка, *fille* | четыре | | **k.** дома, *maison* | сорок две |
| **d.** ламп, *lampe* | сто одна | | **l.** подруги, *amie* | одна |

| | |
|---|---|
| **e.** эмоций, *émotion* | двадцать одна |
| **f.** человек, *personne* | два |
| **g.** района, *quartier* | ноль |
| **h.** доска, *planche* | пятьдесят один |

## LE GÉNITIF PLURIEL. L'ACCORD DES CARDINAUX. LES MOTS DE QUANTITÉ

**10** Accordez le mot entre parenthèses au bon cas.

**a.** вагон .................................................. **(картошка)**, *un wagon de pommes de terre*

**b.** нет .................................................. **(ученик)**, *il n'y a pas d'élève*

**c.** один .................................................. **(день)**, *un jour*

**d.** мало .................................................. **(терпение)**, *peu de patience*

**e.** брат .................................................. **(Катя)**, *le frère de Katia*

**f.** двадцать .................................................. **(грамм)**, *vingt grammes*

**g.** много .................................................. **(шляпа)**, *beaucoup de chapeaux*

**h.** три .................................................. **(товарищ)**, *trois camarades*

**11** Traduisez les phrases suivantes en français.

**a.** Это сын Олега.
→ ..................................................

**b.** В доме нет воды.
→ ..................................................

**c.** У них много денег.
→ ..................................................

**d.** – Чьё это платье? – Моей сестры.
→ ..................................................

**e.** Я не хочу идти туда без друзей.
→ ..................................................

**f.** Сегодня мало ветра.
→ ..................................................

**g.** Я видел четыре дельфина.
→ ..................................................

Bravo, vous êtes venu à bout du chapitre 9 ! Il est maintenant temps de comptabiliser les icônes et de reporter le résultat en page 128 pour l'évaluation finale.

# 10
# Le génitif des adjectifs. L'accusatif des noms et des adjectifs. La notion du positionnement avec ou sans mouvement

### Le génitif pluriel des adjectifs

- Le génitif singulier des adjectifs masculins et neutres durs prend la terminaison **-ого** et celui des mous, la terminaison **-его** : **слабого**, *faible*, **синего**, *bleu*. Le féminin dur se termine en **-ой** et le féminin mou en **-ей** : **слабой**, **синей**.
- Le pluriel dur de tous les genres se termine en **-ых** ; le pluriel mou se termine en **-их** : **слабых**, **синих**.

**1** Mettez les adjectifs suivants au génitif féminin (A), masculin/neutre (B), pluriel (C) :

| A | B | C |
|---|---|---|
| **a.** красная, *rouge* | **a.** свежий, *frais* | **a.** зелёные, *verts* |
| **b.** летняя, *estivale* | **b.** жёлтый, *jaune* | **b.** большие, *grands* |
| **c.** весёлая, *gaie* | **c.** важный, *important* | **c.** внутренние, *internes* |

**2** Énumérez ce que Léna et Oleg n'ont pas en mettant les adjectifs entre parenthèses au génitif singulier et en les accordant en genre avec les mots qui les suivent.

У них нет, *Ils n'ont pas de…*

- **a.** ................... (**чёрный**) доски, *tableau noir*.
- **b.** ................... (**синий**) расчёски, *brosse bleue*.
- **c.** ................... (**тёплый**) носков, *chaussettes chaudes*.
- **d.** ................... (**домашний**) животного, *animal domestique*.
- **e.** ................... (**вкусный**) обеда, *bon déjeuner*.
- **f.** ................... (**новый**) окна, *nouvelle fenêtre*.
- **g.** ................... (**цветной**) фотографий, *photos en couleurs*.

# LE GÉNITIF DES ADJECTIFS. L'ACCUSATIF DES NOMS ET DES ADJECTIFS…

## L'accusatif des noms

- L'accusatif est le cas du complément d'objet direct.
- L'accusatif singulier et pluriel des noms masculins animés a la même forme que le génitif ; celui des noms inanimés a la même forme que le nominatif : **доктор – доктора, доктора – докторов** ; **поезд – поезд, поезда – поезда**.
- Les noms neutres reprennent la forme du nominatif : **окно – окно, окна – окна**.
- Les noms féminins durs ont l'accusatif singulier en **-у** ; les noms mous en **-я** ont l'accusatif en **-ю** et ceux en **-ь** reprennent la forme du nominatif : **мама – маму, земля – землю, дочь – дочь**.
- L'accusatif pluriel des noms féminins animés reprend la forme du génitif. Pour les noms inanimés, l'accusatif pluriel prend la forme du nominatif : **мамы – мам, тёти – тёть, ночи – ночи**.

### 3. Écrivez les noms masculins suivants à l'accusatif.

a. стул, *chaise* →

b. мальчик, *garçon* →

c. рис, *riz* →

d. Париж, *Paris* →

e. кот, *chat* →

f. огонь, *flamme* →

g. ответ, *réponse* →

### 4. Écrivez les noms féminins suivants à l'accusatif.

a. овца, *brebis* →

b. земля, *terre* →

c. машина, *voiture* →

d. ночь, *nuit* →

e. спина, *dos* →

f. Россия, *Russie* →

g. нация, *nation* →

### 5. Écrivez les mots suivants à l'accusatif pluriel.

a. компьютер, *ordinateur* →

b. собака, *chien* →

c. ученик, *élève* →

d. море, *mer* →

e. город, *ville* →

f. корона, *couronne* →

g. король, *roi* →

h. результат, *résultat* →

# LE GÉNITIF DES ADJECTIFS. L'ACCUSATIF DES NOMS ET DES ADJECTIFS…

**6** Répondez aux questions en utilisant les mots de la boîte à outils, puis accordez-les à l'accusatif.

**A.** Что ты видишь?

**B.** Кого ты видишь?

a. лиса, *renard*
b. корабль, *bateau*
c. плечо, *épaule*
d. лошадь, *cheval*
e. самолёт, *avion*
f. Сергей, *Sergueï*
g. брат, *frère*
h. станция, *station*

## L'accusatif des adjectifs

- L'accusatif singulier et pluriel des adjectifs masculins et neutres reprend la forme du nominatif pour les inanimés et celle du génitif pour les animés.
- Pour les adjectifs féminins, au singulier, l'accusatif se termine en **-ую** pour les durs et en **-юю** pour les mous. Au pluriel, les féminins suivent la même logique que les masculins et les neutres.

**7** Mettez les mots entre parenthèses à l'accusatif.

Я вижу, *Je vois…*

a. .................... (красивая открытка), *une belle carte postale.*
b. .................... (синий свитер), *un pull bleu.*
c. .................... (известный человек), *une personne connue.*
d. .................... (маленькая девочка), *une petite fille.*
e. .................... (разбитое окно), *une vitre cassée.*
f. .................... (высокий дом), *un immeuble haut.*
g. .................... (интересная книга), *un livre intéressant.*

## LE GÉNITIF DES ADJECTIFS. L'ACCUSATIF DES NOMS ET DES ADJECTIFS...

**8** Construisez les phrases d'après le modèle.

**ex.** Я вижу *большую девочку* (большая девочка), *Je vois une grande fille.*

**a.** Он хочет ................................ (красная куртка), *Il veut un blouson rouge.*

**b.** Мы знаем ................................ (прекрасные песни), *Nous connaissons de formidables chansons.*

**c.** Ты видишь ................................ (целый зал), *Tu vois une salle entière.*

**d.** Они организовали ................................ (отличная свадьба), *Ils ont organisé un superbe mariage.*

**e.** Я учу ................................ (древняя история), *J'apprends l'histoire ancienne.*

**f.** Вы смотрите ................................ (длинная передача), *Vous regardez une longue émission.*

### Avec ou sans mouvement

- Le russe distingue le positionnement de l'objet dans l'espace par la présence ou l'absence de mouvement. On n'utilisera pas la même déclinaison pour le mot *table* pour indiquer que l'objet va être posé dessus ou s'il y est déjà. Ainsi, le mot indiquant le lieu où l'on est (sans mouvement) s'utilise au locatif (il est « localisé »). Quand il s'agit du lieu vers lequel on se dirige, le nom est utilisé à l'accusatif.

- La question pour le premier cas (sans mouvement) sera **где?**, *où ?*, et pour le deuxième (avec mouvement, vers quelque chose) **куда?**, *où ?*

**9** Écrivez la bonne question pour obtenir les réponses suivantes.

**a.** ................................ ? В парк. *Au parc.*

**b.** ................................ ? На столе. *Sur la table.*

**c.** ................................ ? В магазине. *Au magasin.*

**d.** ................................ ? На почту. *À la poste.*

**e.** ................................ ? В лес. *Dans la forêt.*

**f.** ................................ ? На мосту. *Sur le pont.*

**g.** ................................ ? На землю. *Par terre.*

# LE GÉNITIF DES ADJECTIFS. L'ACCUSATIF DES NOMS ET DES ADJECTIFS…

**10** Choisissez la forme correcte.

| | | | |
|---|---|---|---|
| **a. я хочу** | яблоко<br>яблоку<br>яблоке | **d. ты сказал** | правд<br>правда<br>правду |
| **b. мы видим** | стола<br>столов<br>столы | **e. вы читаете** | журнале<br>журналом<br>журналы |
| **c. он делает** | кроватью<br>кровать<br>кроватей | **f. они потеряли** | стулья<br>стула<br>стуле |

**11** Accordez le nom entre parenthèses avec le cas qui convient.

a. Три тёплых _____ **(свитер)**, *Trois pulls chauds.*

b. Я хочу немного _____ **(вода)**, *Je veux un peu d'eau.*

c. Они идут в _____ **(школа)**, *Ils vont à l'école.*

d. Мы гуляем в _____ **(лес)**, *Nous nous promenons dans la forêt.*

e. Купи пять _____ **(литр)** воды, *Achète cinq litres d'eau.*

f. – Куда ты? – В _____ **(театр)**, *– Tu vas où ? – Au théâtre.*

g. Дай, пожалуйста, стакан _____ **(сок)**, *Donne-moi, s'il te plaît, un verre de jus.*

h. Это сумка моей _____ **(сестра)**, *C'est le sac de ma sœur.*

Bravo, vous êtes venu à bout du chapitre 10 ! Il est maintenant temps de comptabiliser les icônes et de reporter le résultat en page 128 pour l'évaluation finale.

# Le temps, l'heure et l'époque

## L'heure et l'accord du mot *час*

- Pour demander l'heure, il faut poser la question suivante : **Который час?** *Quelle heure est-il ?* La réponse sera composée du nombre suivi du mot heure. Sachez que, comme en France, il est possible de donner l'heure avec le système de 0 à 24 heures.

    – Après 1 et 21, le mot **час** va être utilisé au nominatif singulier : **Один час**, *Il est une heure.*

    – Si l'heure se termine par 2, 3 ou 4, on utilisera le génitif singulier **часа** : **Два часа**, *Il est deux heures.*

    – Pour les heures entre 5 et 20, on utilisera le génitif pluriel **часов** : **Шесть часов**, *Il est six heures.*

- Les mots **полдень**, *midi*, et **полночь**, *minuit*, comme en français, ne nécessitent pas l'emploi du mot heure.

### 1 Accordez le mot *час* au bon cas.

**a.** один ........................, *une heure*

**b.** два ........................, *deux heures*

**c.** пять ........................, *cinq heures*

**d.** девять ........................, *neuf heures*

**e.** одиннадцать ........................, *onze heures*

**f.** четыре ........................, *quatre heures*

**g.** двенадцать ........................, *douze heures*

### 2 Complétez l'heure indiquée en toutes lettres en accordant le mot *час* au bon cas.

**a.** двадцать ........................, *vingt et une heures*

**b.** ........................, *six heures*

**c.** двадцать ........................, *vingt-trois heures*

**d.** ........................, *huit heures*

**e.** шестнадцать ........................, *seize heures*

**f.** ........................, *dix heures*

**g.** ........................, *vingt-deux heures*

# LE TEMPS, L'HEURE ET L'ÉPOQUE

## Donner l'heure

- Comme **час**, le mot **минута**, *minute,* se décline. Après 1 et tous les cardinaux qui se terminent par 1, on utilisera **минута**, le nominatif singulier ; après 2, 3, 4 et tous les cardinaux qui vont se terminer par ces 3 chiffres on utilisera **минуты**, le génitif singulier. Pour les chiffres entre 5 et 20 et tous les nombres qui se terminent par 5 à 9, on utilisera **минут**, le génitif pluriel.
- Il y a deux façons de donner l'heure avec des minutes :
  - On emploie les chiffres jusqu'à 12 en donnant d'abord les minutes (jusqu'à 30) et ensuite l'heure entière future, ce qui peut être assez déconcertant. Ainsi 8:05 se prononcera **пять минут девятого**. La demie se dit **половина** et est suivie de l'heure future également : 8:30 se dit **половина девятого**. Après la demie, on prononcera le nombre de minutes manquantes (au génitif également) avant l'heure future : 8:50 se dit **без десяти девять**. Le quart se dit **четверть** : 5:15 **четверть шестого** ou 5:45 **без четверти шесть**.
  - Il y a également la manière « officielle » d'indiquer l'heure, plus simple. On prononce d'abord l'heure en utilisant les nombres de 0 à 24 et on ajoute ensuite les minutes. Attention, on respecte la déclinaison des mots **час** et **минута** comme indiqué auparavant, mais voici une bonne nouvelle : ces mots-là peuvent être tout simplement omis. Ainsi, on dira 6:05 **шесть часов пять минут** ou bien encore plus simplement **шесть ноль пять**.

**3** Complétez les phrases suivantes avec le mot минута en l'accordant correctement.

**a.** 5:20 : двадцать ................................................ шестого

**b.** 4:03 : три ................................................ пятого

**c.** 12:00 : двенадцать ................................................

**d.** 12:15 : пятнадцать ................................................ первого

**e.** 11:30 : половина ................................................ двенадцатого

**f.** 6:45 : без пятнадцати ................................................ семь

**g.** 22:07 : семь ................................................ одиннадцатого

**h.** 15:23 : двадцать три ................................................ четвёртого

**i.** 3:40 : без двадцати ................................................ четыре

# LE TEMPS, L'HEURE ET L'ÉPOQUE

**4** Écrivez de manière « officielle » les horaires de l'exercice précédent.

a. 5:20 .....................................................

b. 4:03 .....................................................

c. 12:00 ....................................................

d. 12:15 ....................................................

e. 11:30 ....................................................

f. 6:45 .....................................................

g. 22:07 ...................................................

h. 15:23 ...................................................

i. 3:40 .....................................................

## Quand ?

- Pour situer un événement dans le temps, on utilise la question **когда?**, *quand?* La réponse sera donnée avec un adverbe de complément de temps, avec une date ou bien avec un moment.

**5** Donnez l'adverbe correspondant au moment de la journée représenté.

утро, *le matin*　　**b.** день, *le jour*　　**c.** вечер, *la soirée*　　**d.** ночь, *la nuit*

→ ............　　→ ............　　→ ............　　→ ............

65

## LE TEMPS, L'HEURE ET L'ÉPOQUE

**6** Traduisez les mots suivants.

a. *aujourd'hui* →

b. *demain* →

c. *hier* →

d. *en hiver* →

e. *au printemps* →

f. *en été* →

g. *en automne* →

**7** Reliez les deux parties des phrases suivantes.

a. Зимой            1. люди спят.

b. Летом            2. идёт снег.

c. Осенью           3. светло.

d. Весной           4. завтракают.

e. Ночью            5. падают листья.

f. Днём             6. тает снег.

g. Вечером          7. светит солнце.

h. Утром            8. ужинают.

### Quel jour ?

• Pour situer un événement par rapport à un jour de la semaine, on utilise la préposition **в** suivie de l'accusatif du mot exprimant le jour de la semaine. Attention, la préposition se tranforme en **во** devant **вторник**, *mardi*.

**8** Répondez à la question когда? en traduisant les jours de la semaine.

a. *lundi* →

b. *mardi* →

c. *mercredi* →

d. *jeudi* →

e. *vendredi* →

f. *samedi* →

g. *dimanche* →

LE TEMPS, L'HEURE ET L'ÉPOQUE

### 9 Mettez le mois entre parenthèses au locatif.

a. В ................ (январь), *en janvier*
b. В ................ (февраль), *en février*
c. В ................ (март), *en mars*
d. В ................ (апрель), *en avril*
e. В ................ (май), *en mai*
f. В ................ (июнь), *en juin*
g. В ................ (июль), *en juillet*
h. В ................ (август), *en août*
i. В ................ (сентябрь), *en septembre*
j. В ................ (октябрь), *en octobre*
k. В ................ (ноябрь), *en novembre*
l. В ................ (декабрь), *en décembre*

### 10 Complétez les blancs à l'aide des étiquettes.

a. ................ мы поедем на юг, скорее всего в сентябре.
b. ................ надо было читать, а сейчас – ночь.
c. ................ на небе звёзды и луна.
d. ................ – очень красивое время года.
e. ................ надо было загорать!
f. Люблю ................, когда жарко и светит солнце.

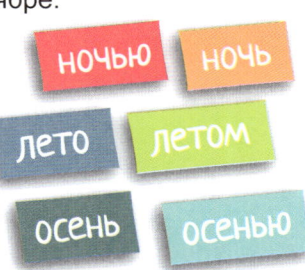

### 11 Remettez les lettres dans l'ordre pour découvrir les mots liés au temps.

a. ЙСЧЕСА → ................, *maintenant*
b. ЛАЧСАНА → ................, *avant*
c. МОПОТ → ................, *après*
d. РЕОКНОС → ................, *dans longtemps*
e. ВДАГЕС → ................, *toujours*
f. ДИНОГАК → ................, *jamais*
g. ГАНОИД → ................, *parfois*
h. ЗАСУР → ................, *tout de suite*

Bravo, vous êtes venu à bout du chapitre 11 ! Il est maintenant temps de comptabiliser les icônes et de reporter le résultat en page 128 pour l'évaluation finale.

# Le datif des noms et des adjectifs. Le vocabulaire de l'espace. Les mots de liaison logique

## Le datif singulier

- Le datif est le cas de l'attribution : **Он дал ей книгу**, *Il lui a donné un livre*. Ce cas est également utilisé après certaines prépositions : **к маме**, *chez maman* (avec mouvement).
- Les noms masculins et les neutres durs ont leur datif singulier en **-у**, tandis que les mous l'ont en **-ю** : **шкаф – шкафу, окно – окну ; музей – музею, море – морю**.
- Les noms féminins durs et mous ont le datif singulier en **-е** : **мама – маме, тётя – тёте**.
- Ceux en signe mou ont le datif singulier en **-и** : **ночь – ночи**. Les féminins en **-ия** ont le datif singulier en **-ии** : **революция – революции**.

**1** Écrivez les noms suivants au datif.

**a.** учитель, *instituteur* →

**b.** подруга, *amie* →

**c.** он, *il* →

**d.** человек, *homme* →

**e.** сестра, *sœur* →

**f.** шеф, *chef* →

**g.** земля, *terre* →

## Le datif des adjectifs

- Le datif singulier des adjectifs a deux formes pour les masculins et les neutres ainsi que pour les féminins :
  - Pour les masculins et neutres durs, il se termine en **-ому**, pour les mous, en **-ему** : **бедный – бедному, синее – синему**.
  - Les féminins durs ont le datif singulier en **-ой**, les féminins mous l'ont en **-ей** : **красная – красной, синяя – синей**.

**LE DATIF DES NOMS ET DES ADJECTIFS. LE VOCABULAIRE DE L'ESPACE…**

**❷ Mettez les adjectifs suivants au datif en respectant leur genre.**

**a.** большой, *grand* →

**b.** тихая, *calme* →

**c.** дальнее, *lointain* →

**d.** близкий, *proche* →

**e.** проворный, *agile* →

**f.** чуткая, *sensible* →

**g.** правильное, *correct* →

**❸ Mettez les mots suivants au datif singulier.**

**a.** тихая улица, *rue calme* →

**b.** больной сосед, *voisin malade* →

**c.** хорошая погода, *bon temps* →

**d.** гордая девушка, *jeune fille fière* →

**e.** тёмный коридор, *couloir sombre* →

**f.** громкая песня, *chanson forte* →

**g.** грустный конец, *fin triste* →

# LE DATIF DES NOMS ET DES ADJECTIFS. LE VOCABULAIRE DE L'ESPACE…

## Le datif pluriel

- Pour tous les noms masculins, féminins et neutres durs, le datif pluriel est en **-ам** : **шкафам**, **мамам**, **окнам** ; pour tous les mous il est en **-ям** : **музеям**, **тётям**, **морям**, **революциям**.
- Le datif pluriel des adjectifs est aussi simple, en **-ым** pour les durs de tous les genres et **-им** pour les mous : **красным**, **синим**.

**4** Écrivez les mots suivants au datif pluriel.

a. послушные дети, *enfants dociles* →

b. сильные дожди, *fortes pluies* →

c. цветные карандаши, *crayons de couleur* →

d. слабые мускулы, *muscles faibles* →

e. тёмные аллеи, *allées sombres* →

f. смешные картинки, *images amusantes* →

## Les structures impersonnelles

- Le datif est utilisé dans des structures impersonnelles. Dans ce type de structure, le verbe pronominal est à la 3ᵉ personne du singulier (au passé, le verbe s'accorde au neutre) et l'agent de l'action est au datif : **Мне хочется пить**, *J'ai soif*. La seconde variante des structures impersonnelles est celle avec l'adjectif court/l'adverbe et le datif de la personne concernée : **Мне холодно**, *J'ai froid*.
- Le datif sera également utilisé dans la structure avec le verbe **нравиться**, *plaire* : **мне нравится этот фильм**. *Ce film me plaît (J'aime bien ce film).*

**5** Complétez les phrases suivantes avec le datif du mot entre parenthèses.

a. ……………… (**Таня**) страшно, *Tania a peur*.

b. Моему ……………… (**брат**) хочется есть, *Mon frère a faim*.

c. Что ……………… (**вы**) нужно? *De quoi avez-vous besoin ?*

d. ……………… (**Малыш**) хочется спать, *Le bébé a sommeil*.

e. ……………… (**Дедушка**) больно, *Grand-père a mal*.

f. ……………… (**Человек**) нужны друзья, *L'homme a besoin d'amis*.

## LE DATIF DES NOMS ET DES ADJECTIFS. LE VOCABULAIRE DE L'ESPACE…

**6** Reliez les deux parties de la phrase.

a. Таня принесла сока,

b. Моему другу нужна помощь :

c. Девочке нужно новое платье,

d. Папе холодно,

e. Ребенку страшно,

1. потому что в комнате темно.

2. потому что у него температура.

3. он сломал ногу и не может ходить.

4. потому что всем хотелось пить.

5. потому что её пригласили в театр.

**7** Remplissez les blancs avec les étiquettes.

a. Детям ................................ вместе.

b. Ему ................................ без вас. Приезжайте!

c. Им ... на море, потому что они любят плавать.

d. Мальчик ударился, ему ................................ .

e. Дедушке очень ................................ в этом кресле.

**8** Mettez les noms entre parenthèses au datif.

a. Мы пишем нашему ................................ (двоюродный брат),
   *Nous écrivons à notre cousin.*

b. Ответь, пожалуйста, своей ................................ (учительница),
   *Réponds à ta maîtresse, s'il te plaît.*

c. Я послал цветы ................................ (тётя Наташа),
   *J'ai envoyé des fleurs à tante Natacha.*

d. Они позвонят ................................ (мы) завтра,
   *Ils nous téléphoneront demain.*

e. Ты говоришь ................................ (все) одно и тоже,
   *Tu racontes la même chose à tout le monde.*

## LE DATIF DES NOMS ET DES ADJECTIFS. LE VOCABULAIRE DE L'ESPACE...

**9** Cochez la forme correcte.

| | | | |
|---|---|---|---|
| a. звоню | тебе ☐ | тебя ☐ | тобой ☐ |
| b. вы решаете | задач ☐ | задаче ☐ | задачу ☐ |
| c. он смотрит | телевизора ☐ | телевизор ☐ | телевизору ☐ |
| d. ты написал | отце ☐ | отца ☐ | отцу ☐ |
| e. они дали денег | детям ☐ | дети ☐ | детей ☐ |
| f. я купила | стола ☐ | столу ☐ | стол ☐ |

**10** Remplissez la grille en utilisant les mots de la boîte à outils et en les plaçant en fonction de leurs traductions.

Boîte à outils :
восток
запад
~~юг~~
перед
снаружи
там
близко
здесь
внутри
север
внизу
далеко

1. sud
2. là-bas (sans mouvement)
3. nord
4. ouest
5. ici (sans mouvement)
6. en bas (sans mouvement)
7. devant
8. à côté
9. loin
10. est
11. dedans
12. dehors

| | | | | | | | |
|---|---|---|---|---|---|---|---|
| 1 | ю | г | | | | | |
| 2 | | | | | | | |
| 3 | | | | | | | |
| 4 | | | | | | | |
| 5 | | | | | | | |
| 6 | | | | | | | |
| 7 | | | | | | | |
| 8 | | | | | | | |
| 9 | | | | | | | |
| 10 | | | | | | | |
| 11 | | | | | | | |
| 12 | | | | | | | |

## LE DATIF DES NOMS ET DES ADJECTIFS. LE VOCABULAIRE DE L'ESPACE...

**11** Remplissez les blancs avec les étiquettes.

то | потому что | в итоге | например | к тому же | несмотря на | если | поэтому

**a.** Он умный и внимательный, ........................... у него хорошая память.

**b.** Вера болеет, ........................... она не ходит в институт.

**c.** Она долго думала и ........................... отказалась.

**d.** ........................... свой возраст, дедушка занимается спортом.

**e.** ........................... вы захотите, ........................... мы поедем туда вместе.

**f.** Здесь преподают редкие языки, ........................... китайский.

**g.** Я не люблю его, ........................... он злой.

**12** Déchiffrez les mots mystères en remplaçant les chiffres par la lettre de l'alphabet correspondante et donnez leur traduction.

ex. **5**уш**1** → душа, l'âme (la 5ᵉ lettre de l'alphabet est д et la 1ʳᵉ est а).

**a.** **9**у**2** → ...........................................................................................

**b.** **21**н**1**н → ...........................................................................................

**c.** **1**пт**6**к**1** → ...........................................................................................

**d.** п**10**ро**4** → ...........................................................................................

**e.** с**1**l**31**т → ...........................................................................................

**f.** х**16**ло**5** → ...........................................................................................

Bravo, vous êtes venu à bout du chapitre 12 ! Il est maintenant temps de comptabiliser les icônes et de reporter le résultat en page 128 pour l'évaluation finale.

# L'instrumental des noms et des adjectifs. Les verbes exigeant l'emploi de l'instrumental

## L'instrumental singulier des noms

- L'instrumental est le cas circonstanciel de moyen.
- L'instrumental singulier des noms masculins et neutres durs se termine en **-ом**, celui des mous et des mots dont la base se termine en chuintante, en **-ем** : **кот – котом, окно – окном, музей – музеем, море – морем, муж – мужем**.
- L'instrumental singulier des noms féminins durs est en **-ой**, celui des mous en **-ей** sauf l'instrumental des mots en signe mou qui se termine par **-ю** : **мама – мамой, тётя – тётей, ночь – ночью**. Les noms féminins dont la base se termine en chuintante, prennent la terminaison **-ей** : **дача – дачей, лужа – лужей**.

**1** Mettez les noms suivants à l'instrumental.

a. слон, *éléphant* →

b. кожа, *peau* →

c. кисть, *pinceau* →

d. лето, *été* →

e. человек, *homme* →

f. жизнь, *vie* →

## L'instrumental pluriel

- Le pluriel des durs est en **-ами**, le pluriel des mous est en **-ями** :

    кот – кот**ами**
    окно – окн**ами**
    лужа – луж**ами**
    музей – музе**ями**
    море – мор**ями**
    тётя – тёт**ями**

**2** Écrivez les noms suivants à l'instrumental pluriel.

a. рыба, *poisson* →

b. карандаш, *crayon* →

c. тетрадь, *cahier* →

d. река, *fleuve* →

e. стол, *table* →

f. герой, *héros* →

g. врач, *médecin* →

**L'INSTRUMENTAL DES NOMS ET DES ADJECTIFS...**

**③ Donnez le nominatif des mots suivants à l'instrumental.**

**a.** сапогом, *botte* →

**b.** весной, *printemps* →

**c.** улицей, *rue* →

**d.** мужем, *mari* →

**e.** кольцом, *anneau* →

**f.** конём, *cheval* →

**g.** солью, *sel* →

## L'instrumental des adjectifs

- L'instrumental des adjectifs durs masculins et neutres se termine en **-ым**, celui des mous en **-им** : **больной – больным, синее – синим**.
- L'instrumental des adjectifs durs féminins se termine en **-ой**, celui des mous en **-ей** : **больная – больной, синяя – синей**.
- Le pluriel dur de tous les genres se termine en **-ыми**, le pluriel mou en **-ими** : **больными, синими**.

**④ Mettez les adjectifs et les noms suivants à l'instrumental singulier.**

**a.** синее небо, *le ciel bleu* →

**b.** красная вишня, *une cerise rouge* →

**c.** большой альбом, *un grand album* →

**d.** высокий дом, *un immeuble haut* →

**e.** старая бабушка, *une vieille mamie* →

**f.** тихий голос, *une voix douce* →

**g.** жаркий день, *une journée chaude* →

# L'INSTRUMENTAL DES NOMS ET DES ADJECTIFS…

**5** Écrivez les adjectifs et les noms suivants à l'instrumental pluriel.

a. сильная волна, *une vague forte* → ...........................

b. одинокий человек, *un homme seul* → ...........................

c. красивая девушка, *une belle jeune fille* → ...........................

d. густой лес, *une forêt dense* → ...........................

e. новое здание, *un nouveau bâtiment* → ...........................

f. долгая дорога, *une longue route* → ...........................

g. редкий случай, *un cas rare* → ...........................


**6** Choisissez la forme correcte en accordant l'adjectif avec le nom à l'instrumental.

**ex.** большая радость, *une grande joie*
большим
большой ——— **радостью**
большими

a. зелёный арбуз, *une pastèque verte*
зелёным
зелёной          **арбузом**
зелёными

b. весёлая компания, *une joyeuse compagnie*
весёлыми
весёлой          **компанией**
весёлым

c. резкое заявление, *une déclaration violente*
резкой
резким          **заявлением**
резкими

d. интересный фильм, *un film intéressant*
интересным
интересном          **фильмом**
интересной

e. долгая жизнь, *une longue vie*
долгим
долгом          **жизнью**
долгой

f. последнее занятие, *un dernier cours*
последним
последней          **занятиями**
последними

g. умная ученица, *une élève intelligente*
умной
умным          **ученицей**
умном

# L'INSTRUMENTAL DES NOMS ET DES ADJECTIFS...

## L'instrumental après certains verbes

- Certains verbes nécessitent l'emploi de l'instrumental. Quand le mot qui suit le verbe **быть**, *être*, désigne une occupation ou un état émotionnel, on utilise l'instrumental. Le mot exprimant une profession est également à l'instrumental après le verbe **работать**, *travailler*.
- Le verbe **стать**, *devenir*, est obligatoirement suivi de l'instrumental.
- Bien évidemment, l'instrumental est utilisé après tous les verbes qui indiquent le moyen d'action, « l'instrument » avec lequel elle a un lien.

**7** Accordez les mots entre parenthèses à l'instrumental.

a. Я пишу ................... (**чёрный фломастер**), *J'écris avec un feutre noir.*

b. Будешь моей ................... (**помощница**) ?, *Est-ce que tu seras mon assistante ?*

c. Она поёт ................... (**тихий голос**), *Elle chante d'une voix douce.*

d. Когда-нибудь я стану ................... (**сильная**), *Un jour, je deviendrai forte.*

e. Олег никогда не был ................... (**спокойный мальчик**), *Oleg n'a jamais été un garçon calme.*

f. Раньше он работал ................... (**учитель**), *Avant, il travaillait comme instituteur.*

**8** Choisissez la bonne étiquette pour compléter chaque phrase.

a. Маша рисует ...................

b. Не играй с ...................! Это опасно.

c. Однажды ты станешь ...................

d. Слава хочет стать ...................

e. Раньше он был ..................., а теперь вырос.

f. Он занимается ...................

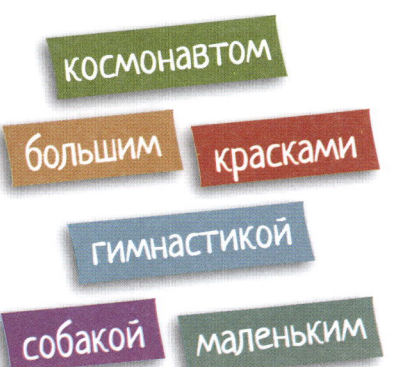

# L'INSTRUMENTAL DES NOMS ET DES ADJECTIFS...

**9** Écrivez les mots entre parenthèses au cas voulu et indiquez-le.

a. Я печатаю одним ............... (**палец**), *Je tape (sur le clavier) avec un seul doigt.*
Cas : ...............

b. Мы идём в ............... (**школа**), *Nous allons à l'école.*
Cas : ...............

c. Таня смотрит ............... (**телевизор**), *Tania regarde la télé.*
Cas : ...............

d. Будешь пить ............... (**чай**)? *Veux-tu boire du thé ?*
Cas : ...............

e. Он работает ............... (**парикмахер**), *Il travaille comme coiffeur.*
Cas : ...............

f. Ребёнок пишет ............... (**ручка**), *L'enfant écrit avec un stylo.*
Cas : ...............

**10** Reliez chaque mot à sa traduction.

a. поэт            1. *automne*

b. ритм           2. *poème*

c. осень          3. *risque*

d. поэма         4. *vie*

e. жить            5. *très*

f. риск             6. *poète*

g. очень          7. *vivre*

h. жизнь          8. *rythme*

Bravo, vous êtes venu à bout du chapitre 13 ! Il est maintenant temps de comptabiliser les icônes et de reporter le résultat en page 128 pour l'évaluation finale.

# Les prépositions, les questions et les cas

## Les prépositions et l'espace

- Les prépositions russes sont toujours suivies par un nom décliné. Chaque préposition peut être suivie par un ou plusieurs cas, selon le contexte.
- Les prépositions introduisant la notion de positionnement dans l'espace :
  - Sans mouvement :
    - **в**, *dans, à*, et **на**, *sur, à*, sont suivies du locatif ;
    - **за**, *derrière* ; **перед**, *devant* ; **под**, *sous*, sont suivies de l'instrumental ;
    - **у**, *chez, à côté de*, est suivie du génitif.
  - Avec mouvement :
    - **в**, *dans, à* ; **за**, *derrière* ; **на**, *sur, à* ; **под**, *sous*, sont suivies de l'accusatif ;
    - **до**, *jusqu'à* ; **из**, *de* ; **от**, *de* ; **с**, *de* (provenance de l'objet) sont suivies du génitif ;
    - **к**, *chez*, est suivie du datif.
- **из-за**, *à cause de, pour* ; **для**, *pour* (destinataire ou le but d'une action), sont suivies du génitif.
- **за**, *aller chercher quelque chose, à la recherche de quelque chose*, est suivie de l'instrumental.

**①** Choisissez la bonne préposition parmi les étiquettes proposées et traduisez les phrases.

под | на | от | к | из | перед

**a.** ............... небе тучи. → ............................................................

**b.** Мы идём ............... маме. → ............................................................

**c.** Собака сидит ............... столом. → ............................................................

**d.** Он возвращается ............... Москвы. → ............................................................

**e.** Кресло стоит ............... телевизором. → ............................................................

**f.** Они идут ............... сестры. → ............................................................

# LES PRÉPOSITIONS, LES QUESTIONS ET LES CAS

**2** Choisissez le nom adapté parmi les étiquettes proposées et traduisez les phrases.

стене | книгу | ящик | книге | стол | стену | ящике | сто[л]

a. Картина висит на ..........................
→ ..........................

b. В этой .......................... много картинок.
→ ..........................

c. Деньги лежат на ..........................
→ ..........................

d. Зачем ты положил их в .......................... ?
→ ..........................

e. Паук ползёт на ..........................
→ ..........................

f. Положи .......................... на ..........................
→ ..........................

g. Возьми карандаши в ..........................
→ ..........................

**3** Accordez les noms suivants avec les prépositions correspondantes. N'oubliez pas la notion du mouvement.

a. *sur l'éléphant* → ..........................

b. *(sortir) de la maison* → ..........................

c. *(grimper) sur le mur* → ..........................

d. *(être assis sans bouger) devant la maison* → ..........................

e. *(sauter) de l'arbre* → ..........................

f. *(entrer) dans la maison* → ..........................

g. *(voir quelqu'un) dans le bus* → ..........................

## LES PRÉPOSITIONS, LES QUESTIONS ET LES CAS

**4** Transformez les phrases en changeant le cas pour qu'elles expriment le mouvement.

**a.** Мы в лесу. *Nous sommes dans la forêt.*
→ Мы идём в ............................................................

**b.** Птица сидит на ветке. *L'oiseau est sur une branche.*
→ Птица летит на ............................................................

**c.** Дети играют за домом. *Les enfants jouent derrière la maison.*
→ Дети идут за ............................................................

**d.** На окне пыль. *La poussière est sur la vitre.*
→ Дождь капает на ............................................................

**e.** Газета под столом. *Le journal est sous la table.*
→ Положи газету под ............................................................

**5** Reliez les mots proposés à la bonne préposition et la traduction.

**A.**

**1.** до      **a.** родителям, *chez les parents*
**2.** через      **b.** угла, *jusqu'à l'angle*
**3.** к      **c.** час, *dans une heure*

**B.**

**1.** из-за      **a.** велосипедом, *à la recherche du vélo*
**2.** на      **b.** неделю, *pour une semaine*
**3.** за      **c.** детей, *à cause des enfants*

**C.**

**1.** к      **a.** полудню, *vers midi*
**2.** за      **b.** тебя, *pour toi*
**3.** для      **c.** минуту, *en une minute*

## LES PRÉPOSITIONS, LES QUESTIONS ET LES CAS

**6**  Trouvez dans la grille 3 mots qui peuvent aller avec la préposition для.

| Б | П | Т | З | А | О |
|---|---|---|---|---|---|
| Р | В | А | С | Ш | А |
| А | О | Ч | П | К | Т |
| Т | Э | М | А | М | Ы |
| А | Ь | Р | У | С | К |

**7** Mettez les noms entre parenthèses au cas voulu.

**a.** Я к ................ (**вы**) на ................ (**месяц**), *Je viens chez vous pour un mois.*

**b.** Папа пошёл в ................ (**магазин**) за ................ (**вода**), *Papa est allé au magasin chercher de l'eau.*

**c.** Они доехали до ................ (**море**) за ................ (**день**), *Ils sont arrivés jusqu'à la mer en une journée.*

**d.** Мы испекли пирог для ................ (**дети**), *Nous avons fait une tarte pour les enfants.*

**e.** Из-за ................ (**школа**) он пропустил матч, *À cause de l'école, il a raté le match.*

**f.** Фильм начнётся через ................ (**минута**), *Le film commencera dans une minute.*

### Autres prépositions

- **без**, *sans*; **против**, *contre*; **у**, *idée de l'appartenance*, sont suivies du génitif.
- **на**, *en* (moyen de locomotion), est suivie du locatif.
- **с**, *avec*, est suivie de l'instrumental.
- **через**, *dans* (avec une distance), *à travers*, est suivie de l'accusatif.

## LES PRÉPOSITIONS, LES QUESTIONS ET LES CAS

**8** Reliez les mots proposés aux prépositions, quand c'est possible.

  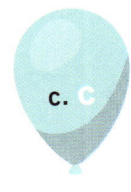 

a. без   b. на   c. с   d. у

друзьями   автобусе   машины   Луне   бабушки   братом   велосипеде

**9** Mettez les mots entre parenthèses au cas voulu et précisez-le.

**a.** Без их ................ (**помощь**) ему не справиться. *Il n'y arrivera pas sans leur aide.*
Cas : ................

**b.** Этот закон против ................ (**воровство**). *Cette loi est contre les vols.*
Cas : ................

**c.** Вместе с новым ................ (**учитель**). *Ensemble avec le nouveau professeur.*
Cas : ................

**d.** Поплывём через ................ (**море**). *Nous irons à travers la mer.*
Cas : ................

**e.** У ................ (**мальчик**) есть черепаха. *Le garçon a une tortue.*
Cas : ................

**f.** Этот человек приехал на ................ (**мотоцикл**). *Cet homme est arrivé en moto.*
Cas : ................

**g.** Через ................ (**километр**) – ещё деревня. *Dans un kilomètre, il y aura encore un village.*
Cas : ................

# LES PRÉPOSITIONS, LES QUESTIONS ET LES CAS

## Les cas et les mots interrogatifs

- Les mots interrogatifs habituels sont remplacés par des questions plus précises quand il s'agit d'un mot décliné. Ainsi, on emploiera les questions suivantes :
  - Nominatif : **кто?** (animé)
    **что?** (inanimé)
  - Génitif : **кого? чего?**
  - Datif : **кому? чему?**
  - Accusatif : **кого?** (= génitif)
    **что?** (= nominatif)
  - Instrumental : **кем? чем?**
  - Locatif : **о ком? о чём?**

**10** Remplissez les blancs à l'aide des étiquettes.

 чём   кого   кому   что

 кто  чего  кем

a. С ................................ ты в театр? *Avec qui vas-tu au théâtre ?*

b. О ................................ они говорят? *De quoi parlent-ils ?*

c. ................................ она дала деньги? *À qui a-t-elle donné l'argent ?*

d. ................................ это? *Qui est-ce ?*

e. ................................ он ждёт? *Qui attend-il ?*

f. ................................ вам сказали? *Qu'est-ce qu'on vous a dit ?*

g. ................................ им не хватает? *Qu'est-ce qui leur manque ?*

Bravo, vous êtes venu à bout du chapitre 14 ! Il est maintenant temps de comptabiliser les icônes et de reporter le résultat en page 128 pour l'évaluation finale.

# Les verbes de mouvement, les préfixes verbaux et les verbes de position

## Les verbes de mouvement

- On distingue 14 paires de verbes de mouvement et chaque paire correspond à un moyen précis de déplacement (à pied, en voiture, en avion, etc.). Ces verbes se divisent en deux catégories : les déterminés (ils ont une direction et un but précis) et les indéterminés (répétition de l'action ou action sans direction précise). Les 8 premières paires sont actives tandis que les 6 dernières expriment une action effectuée par l'agent de l'action sur un complément d'objet direct :

| Déterminés | Indéterminés | Traduction |
|---|---|---|
| идти | ходить | *aller à pied* |
| ехать | ездить | *aller, par un moyen de locomotion* |
| бежать | бегать | *courir* |
| плыть | плавать | *nager* |
| лететь | летать | *voler* |
| брести | бродить | *roder* |
| ползти | ползать | *ramper* |
| лезть | лазить | *grimper, escalader* |
| нести | носить | *porter* |
| вести | водить | *conduire* |
| везти | возить | *transporter, par un moyen de locomotion* |
| тащить | таскать | *transporter, traîner* |
| катить | катать | *rouler (quelque chose)* |
| гнать | гонять | *faire courir, chasser* |

# LES VERBES DE MOUVEMENT, LES PRÉFIXES VERBAUX ET LES VERBES DE POSITION

**1** Choisissez les verbes de déplacement déterminés qui correspondent aux situations données.

a. *se déplacer en avion* →

b. *se déplacer dans l'eau* →

c. *se déplacer à vélo* →

d. *se déplacer à pied* →

e. *se déplacer en bateau* →

f. *se déplacer en voiture* →

g. *se déplacer en rampant* →

**2** Donnez l'infinitif de chaque verbe en indiquant s'il est déterminé (D) ou indéterminé (I).

a. плыву →  →

b. хожу →  →

c. ползает →  →

d. бегу →  →

e. едем →  →

f. бродят →  →

g. везу →  →

h. бегаем →  →

i. водишь →  →

j. везём →  →

**3** Complétez les blancs.

| Déterminé | Indéterminé |
|---|---|
| идти | ходить |
| a. я иду | g. я хожу |
| b. ты идёшь | h. ты хо |
| c. он ид | i. он хо |
| d. мы ид | j. мы ходим |
| e. вы ид | k. вы хо |
| f. они ид | l. они ходят |

# LES VERBES DE MOUVEMENT, LES PRÉFIXES VERBAUX ET LES VERBES DE POSITION

**4** Mettez le verbe à la forme correcte.

**ex.** Мы идём, *Nous marchons* → Ты идёшь

**a.** Я бегу в магазин, *Je cours au magasin.* → Мы ...........................

**b.** Он ходит в школу, *Il va à l'école.* → Они ...........................

**c.** Вы бегаете по утрам, *Vous courez le matin.* → Они ...........................

**d.** Мы лезем на гору, *Nous escaladons la montagne.* → Она ...........................

**e.** Я ношу тяжёлые сумки, *Je porte des sacs lourds.* → Он ...........................

**f.** Ты плывёшь, *Tu nages.* → Я ...........................

**g.** Он ведёт дочь в кино, *Il amène sa fille au cinéma.* → Ты ...........................

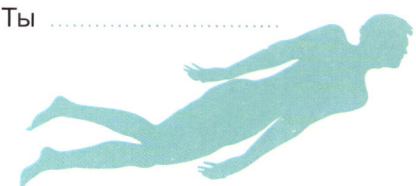

**5** Complétez avec la forme correcte du verbe entre parenthèses.

**a.** Ты ........................ (нести, *porter*).
**b.** Они ........................ (летать, *voler*).
**c.** Он ........................ (ползти, *ramper*).
**d.** Она ........................ (таскать, *traîner*).

**e.** Вы ........................ (плавать, *nager*).
**f.** Я ........................ (бродить, *roder*).
**g.** Ты ........................ (гнать, *faire courir*).
**h.** Мы ........................ (катать, *rouler*).

**6** Reliez chaque sujet à sa forme verbale.

**a.** – Он бредёт

**b.** – Я не могу

**c.** – Откуда ты тащишь

**d.** – Они так гоняют

**e.** – В среду мы летим

**f.** – Куда вы катите

**1.** – в Париж.

**2.** – на мотоцикле!

**3.** – возить вас в школу всё время.

**4.** – коляску?

**5.** – но сам не знает куда.

**6.** – эти сумки?

# LES VERBES DE MOUVEMENT, LES PRÉFIXES VERBAUX ET LES VERBES DE POSITION

## Les préfixes verbaux

- Le sens des verbes peut être modifié par des préfixes verbaux : **лететь**, *voler* → **вылететь**, **полететь**, **прилететь**. Les préverbes qui modifient le sens du verbe peuvent être classés. Voici leurs significations les plus importantes :
  - **вы-**, *sortie, extraction* : **выходить**, *sortir* (à pied).
  - **до-**, *action menée jusqu'à son terme, sa limite* : **дойти**, *arriver* (à pied).
  - **о-, об-**, *action circulaire* (autour de quelque chose) : **объехать**, *faire le tour de, contourner*.
  - **пере-**, *traversée* (espace, temps) : **перейти**, *traverser* (à pied).
  - **при-**, *arriver, approche du but avec contact* : **приходить**, *venir, arriver* (à pied).
  - **про-**, *passage* : **проходить**, *passer, entrer*.
  - **у-**, *éloignement* : **уходить**, *partir à pied*.

### 7 Reliez chaque mot à sa traduction.

a. улететь                1. *passer* (à pied)

b. переводить             2. *déménager*

c. принести               3. *partir* (avec un moyen de locomotion)

d. пройти                 4. *partir* (en volant)

e. уезжать                5. *apporter*

f. переезжать             6. *traduire*

### 8 Complétez avec la forme correcte du verbe entre parenthèses.

a. Они ............................................. **(выезжать)**, *partir*.
b. Вы .............................................. **(довезти)**, *transporter*.
c. Я ............................................... **(выйти)**, *sortir* (à pied).
d. Она ............................................. **(приносить)**, *apporter*.
e. Ты .............................................. **(проехать)**, *passer* (en voiture).
f. Мы .............................................. **(вылетать)**, *partir* (en volant).
g. Они ............................................. **(переносить)**, *porter* (en marchant).

## LES VERBES DE MOUVEMENT, LES PRÉFIXES VERBAUX ET LES VERBES DE POSITION

### Le positionnement dans l'espace

- La position de l'objet ou de la personne dans l'espace est indiquée par le verbe.
  – L'objet posé horizontalement ne sera pas accompagné du même verbe que celui posé verticalement.
  – Le verbe précisera si la personne se trouvant dans une pièce est debout, assise ou allongée…

**9** Reliez chaque sujet à sa forme verbale.

a. сидеть, *être assis*     я     сяду / сидю / сижу

b. лежать, *être allongé*     он     лежит / ляжет / лежет

c. стоять, *être debout*     они     стоим / стоит / стоят

d. положить, *poser horizontalement*     ты     положу / положешь / положишь

**10** Reliez l'image à l'expression qui convient.

a.
b.
c.
d.
e.
f.

1. Вешать в шкаф.
2. Складывать в коробок.
3. Ставить на стол.
4. Обувать малыша.
5. Класть на диван.
6. Наливать в стакан.

# LES VERBES DE MOUVEMENT, LES PRÉFIXES VERBAUX ET LES VERBES DE POSITION

**11** Séparez cette suite de lettre pour former 10 mots et traduisez-les.

улицапроспектрайонперекрёстоксветофоркрышатротуардорогапаркзда

→ ..................... → .....................
→ ..................... → .....................
→ ..................... → .....................
→ ..................... → .....................
→ ..................... → .....................

Bravo, vous êtes venu à bout du chapitre 15 ! Il est maintenant temps de comptabiliser les icônes et de reporter le résultat en page 128 pour l'évaluation finale.

# Le verbe быть.
# Les structures impersonnelles

## Le verbe быть (1)

- Le verbe **быть**, *être,* ne s'utilise pas au présent sauf sous la forme **есть** qui marque la présence de quelque chose : **есть проблема**, *il y a un problème*. Au passé et au futur dans des phrases avec des noms, des adjectifs courts ou des adverbes, le verbe s'accorde avec le sujet de l'action, en nombre et en genre.
- Le passé du verbe **быть**, *être*, est régulier et le futur a une seule base à retenir, car les terminaisons restent celles régulières du premier groupe.
- Le passé : **был, была, было, были**.

  Au passé le verbe **быть** s'emploie également dans le sens d'*aller*. Attention, l'action du verbe *être* est suivie du locatif (sans mouvement) tandis que l'action d'*aller* est suivie de l'accusatif (avec mouvement) : **Мы были в театре. Мы ходили в театр**, *Nous sommes allés au théâtre*.

- Le futur : **я буду, ты будешь, он будет, мы будем, вы будете, они будут**.

**❶** Traduisez les phrases suivantes en utilisant le verbe быть quand c'est possible.

**a.** *Je suis dans la maison.*
→ ..............................................

**b.** *Il sera ici après.*
→ ..............................................

**c.** *Où étiez-vous ?*
→ ..............................................

**d.** *Nous sommes allés à un concert.*
→ ..............................................

**e.** *Est-elle déjà allée en Russie ?*
→ ..............................................

**f.** *Ils ont dit qu'ils seraient à l'école à deux heures.*
→ ..............................................

**g.** *Où es-tu ?*
→ ..............................................

# LE VERBE БЫТЬ. LES STRUCTURES IMPERSONNELLES

## Le verbe быть (2)

- Le verbe **быть**, *être*, est utilisé dans les structures impersonnelles indiquant le temps, l'heure, etc., et il est accordé à la 3ᵉ personne du singulier : **Сегодня холодно**, *Aujourd'hui, il fait froid*. **Вчера было холодно**, *Hier, il a fait froid*. **Завтра будет холодно**, *Demain, il fera froid*.
- **Быть** est également utilisé dans la structure **быть должным**, *être obligé*. Le verbe est accordé logiquement avec le sujet en nombre et en genre : **Он должен**, *il est obligé*, **Она была должна**, *elle était obligée*, **Они будут должны**, *ils/elles seront obligés*.

### 2. Transformez les phrases en conjuguant le verbe быть au futur.

**ex.** Сегодня дети в школе. *Aujourd'hui, les enfants sont à l'école.*
→ Завтра дети будут в школе.

**a.** Сегодня солнце. *Aujourd'hui, il y a du soleil.*
→

**b.** Сегодня вы вместе. *Aujourd'hui, vous êtes ensemble.*
→

**c.** Сегодня нам плохо. *Aujourd'hui, nous nous sentons mal.*
→

**d.** Сегодня я в театре. *Aujourd'hui, je suis au théâtre.*
→

**e.** Сегодня есть звёзды. *Aujourd'hui, il y a des étoiles.*
→

**f.** Сегодня у него гости. *Aujourd'hui, il a des invités.*
→

## LE VERBE быть. LES STRUCTURES IMPERSONNELLES

**3** Transformez les phrases en conjuguant le verbe быть au passé.

**ex.** Сегодня дети в школе. *Aujourd'hui, les enfants sont à l'école.*
→ Вчера дети были в школе.

**a.** Сегодня у нас есть спички. *Aujourd'hui, nous avons des allumettes.*
→ ...

**b.** Сегодня у меня плохое настроение. *Aujourd'hui, je suis de mauvaise humeur.*
→ ...

**c.** Сегодня мы с мамой. *Aujourd'hui, nous sommes avec maman.*
→ ...

**d.** Сегодня Маша в парке. *Aujourd'hui, Macha est au parc.*
→ ...

**e.** Сегодня они в форме. *Aujourd'hui, ils sont en forme.*
→ ...

**f.** Сегодня праздник. *Aujourd'hui, c'est la fête.*
→ ...

**4** Choisissez la forme qui convient.

было  были  была  будет  будешь

**a.** ............ завтра дома? *Tu seras à la maison demain ?*

**b.** Она уже ............ в Лондоне. *Elle est déjà allée à Londres.*

**c.** Вчера ............ холодно. *Hier, il faisait froid.*

**d.** Они всегда ............ такими. *Ils ont toujours été comme ça.*

**e.** Он ............ здесь около пяти. *Il sera ici vers cinq heures.*

## LE VERBE БЫТЬ. LES STRUCTURES IMPERSONNELLES

**5** Utilisez les mots proposés pour traduire les phrases.

весело вчера часа будет всем было он два после было когда пришёл обеда концерт очень

a. Hier, tout le monde s'est bien amusé. → ......................

b. Quand il est arrivé, il était deux heures. → ......................

c. Après le déjeuner, il y aura un concert. → ......................

**6** Trouvez l'erreur et réécrivez la phrase correctement.

a. Завтра была хорошая погода. *Demain, il fera beau.*

→ ......................

b. Им всё время было холодно. *Ils ont tout le temps froid.*

→ ......................

c. Вчера я был в театр. *Hier, je suis allé au théâtre.*

→ ......................

d. Они едут в Москву на самолёте. *Ils vont à Moscou en avion.*

→ ......................

e. Однажды мы буду в Крыму. *Un jour, on ira en Crimée.*

→ ......................

f. Стол лежит у окна в зале. *La table est à côté de la fenêtre dans le salon.*

→ ......................

g. Девочка был высокого роста. *La petite fille était de grande taille.*

→ ......................

h. Нам были с вами хорошо. *Nous étions bien avec vous.*

→ ......................

## LE VERBE быть. LES STRUCTURES IMPERSONNELLES

### Le verbe быть dans les structures d'absence (3)

- Pour exprimer l'absence de quelque chose au présent, on utilise le mot **нет** accompagné d'un génitif : **Их нет дома**, *Ils ne sont pas à la maison.* **У меня нет денег**, *Je n'ai pas d'argent.* **Её нет**, *Elle n'est pas là.*
- En revanche, au passé, le verbe **быть**, *être*, intervient dans la formation de la structure négative : la particule négative **не** toujours accentuée dans cette structure s'ajoute au neutre du verbe **быть** au passé. Par exemple : **Их не было дома**, *Ils n'étaient pas à la maison.* **У меня не было денег**, *Je n'avais pas d'argent.* **Её не было**, *Elle n'était pas là.*
- Au futur, le verbe se met à la 3ᵉ personne du singulier.

**7** Terminez les phrases suivantes.

a. Воды нет. → Сказали, что завтра ........................

b. У меня нет брата. → У меня никогда ........................

c. Их нет дома. → Когда я пришёл, их ........................

d. У вас нет такого шанса. → Больше никогда у вас ........................

e. В магазине нет стульев. → Вчера в магазине уже ........................

f. Ребёнка нигде нет. → Сколько я ни искал, ребёнка ........................

**8** Décrivez l'état de Youri sur les images en utilisant le bon temps.

1. холодно

2. тепло

3. жарко

a. Сегодня :
  1. ему ........................
  2. ему ........................
  3. ему ........................

b. Вчера :
  1. ему ........................
  2. ему ........................
  3. ему ........................

c. Завтра :
  1. ему ........................
  2. ему ........................
  3. ему ........................

# LE VERBE БЫТЬ. LES STRUCTURES IMPERSONNELLES

**9** Posez la question permettant d'obtenir la réponse soulignée.

a. ................................................................. ?
У меня есть <u>три рубля</u>.

b. ................................................................. ?
Я вернусь <u>после обеда</u>.

c. ................................................................. ?
Я иду в театр <u>с друзьями</u>.

d. ................................................................. ?
Моей сестре <u>пять лет</u>.

e. ................................................................. ?
Я живу <u>в Воронеже</u>.

f. ................................................................. ?
Наша квартира находится <u>на пятом этаже</u>.

**10** Trouvez le mot manquant dans chaque phrase parmi les étiquettes proposées.

пожалуйста   пожалуйста   обязаны

обязательно   обязан   должен

a. Передай, ...................., сахар ! *Passe-moi le sucre, s'il te plaît !*

b. И .................... проследи за ними ! *Et il faut absolument les surveiller !*

c. Спасибо большое ! – ....................! *Merci beaucoup ! – Je t'en prie !*

d. Вы просто .................... сделать это ! *Vous êtes tout simplement obligés de le faire !*

e. Он .................... ему всем ! *Il lui doit tout !*

f. Ты мне ещё сто рублей ....................! *Tu me dois encore cent roubles !*

Bravo, vous êtes venu à bout du chapitre 16 ! Il est maintenant temps de comptabiliser les icônes et de reporter le résultat en page 128 pour l'évaluation finale.

# 17
# L'infinitif. L'aspect verbal

## L'infinitif

- L'infinitif russe se termine toujours par **-ть**, **-ти** (toujours accentuée), **-чь**.
- Tout comme le verbe conjugué, il a deux aspects : l'imperfectif et le perfectif. Ainsi, à un verbe français vont correspondre deux verbes russes et par conséquent, pour bien apprendre les verbes russes, il faut les retenir « par paires » : imperfectif/perfectif.

**1** Rangez les verbes dans la bonne colonne en fonction de leur aspect.

бегать, *courir*
решить, *décider*
спать, *dormir*
уйти, *partir*
проснуться, *se réveiller*
говорить, *parler*
писать, *écrire*
отдать, *donner*
решать, *décider*
сказать, *dire*
любить, *aimer*
сделать, *faire*

| IMPERFECTIF | PERFECTIF |
|---|---|
| | |

**2** Donnez le perfectif des verbes imperfectifs suivants.

**a.** делать, *faire* →
**b.** видеть, *voir* →
**c.** прятать, *cacher* →
**d.** узнавать, *reconnaître* →
**e.** говорить, *dire* →
**f.** звать, *appeler* →
**g.** писать, *écrire* →

# L'INFINITIF. L'ASPECT VERBAL

**3** Classez les verbes dans la bonne catégorie.

a. болеть, *être malade*
b. заснуть, *s'endormir*
c. смеяться, *rire*

d. молчать, *garder le silence*
e. одеться, *s'habiller*
f. ответить, *répondre*
g. звонить, *téléphoner*

## L'aspect verbal

- Les perfectifs se forment avec un préverbe ou un suffixe. Parfois, ils prennent une forme modifiée ou même complètement nouvelle par rapport au verbe imperfectif : **знакомиться – познакомиться**, *faire connaissance*, **давать – дать**, *donner*, **говорить – сказать**, *parler*, *dire*.
- Le choix de l'aspect est conditionné par le point de vue depuis lequel on envisage l'action.
  – L'imperfectif exprime une action en mettant l'accent sur son caractère répétitif ou sur son déroulement, sans se préoccuper de son résultat. Pour une action répétée ou habituelle, on choisira également l'imperfectif.
  – Le verbe perfectif décrit plutôt une action ponctuelle, circonstanciée, et qui a un résultat.

**4** Entourez la forme correcte du verbe indiqué en gras et précisez si le verbe est perfectif ou imperfectif.

*Perfectif / Imperfectif*

a. Саша **ломал/сломал** ногу. *Sacha s'est cassé une jambe.*
b. Я долго **писал/написал** письмо, но так и не закончил его.
   *J'ai écrit la lettre pendant longtemps, mais je ne l'ai pas finie.*
c. Они уже **шли/вышли** из дома. *Ils sont déjà partis de la maison.*
d. Он **пил/выпил** стакан воды и налил ещё. *Il a bu un verre d'eau et s'est servi de nouveau.*
e. Ты полностью **читала/прочитала** эту книгу? *As-tu lu entièrement ce livre ?*

**L'INFINITIF. L'ASPECT VERBAL**

 **Entourez la forme correcte du verbe.**

a. Телефон **звонил/зазвонил** снова и снова. *Le téléphone sonnait sans arrêt.*
b. Обычно мы **делаем/сделаем** это сами. *D'habitude, nous faisons ça nous-mêmes.*
c. Каждое утро Таня **бегает/бежит**. *Chaque matin, Tania court.*
d. Однажды он **рассказывал/рассказал** нам свою историю. *Un jour, il nous a raconté son histoire.*
e. Тарелка **падала/упала** и **разбивалась/разбилась**. *L'assiette est tombée et s'est cassée.*

**Retrouvez les couples de verbes imperfectifs/perfectifs.**

говорить    продать    передавать    вспомнить    забыть
дарить    сказать    учить    сообщить    забывать
рождаться    продавать    вставать    вспоминать
родиться    передать    встать    обращаться    доверять
доверить    сообщать    подарить    выучить    обратиться

..... - .....
..... - .....
..... - .....
..... - .....
..... - .....

# L'INFINITIF. L'ASPECT VERBAL

**7** Remplissez la grille en utilisant les mots de la boîte à outils et en les plaçant selon leur traduction.

расти
продавать
пить
падать
плакать
жить
уставать
ждать
верить
менять
спать

1. vivre
2. boire
3. dormir
4. attendre
5. grandir
6. changer
7. tomber
8. croire
9. pleurer
10. se fatiguer
11. vendre

**8** Complétez le perfectif ou l'imperfectif de ces verbes.

| Imperfectif | Perfectif |
|---|---|
| давать, *donner* | .................................... |
| .................................... | прийти, *venir* (à pied) |
| .................................... | съесть, *manger* |
| покупать, *acheter* | .................................... |
| .................................... | позвать, *appeler* |
| находить, *trouver* | .................................... |
| .................................... | заплатить, *payer* |
| уходить, *partir* (à pied) | .................................... |

## L'INFINITIF. L'ASPECT VERBAL

**9** Remettez les chiffres et les lettres associées dans l'ordre pour découvrir des mots et traduisez-les.

a. 3 6 8 1 4 7 9 2 5
   л и е в о п д е с → ..................................... , .....................................

b. 3 1 4 2 5
   е п з о д → ..................................... , .....................................

c. 2 5 1 3 6 4
   а н м ш а и → ..................................... , .....................................

d. 5 1 4 7 3 6 2
   в т м й а а р → ..................................... , .....................................

e. 1 4 6 2 7 5 3
   с о ё а т л м → ..................................... , .....................................

f. 7 5 2 4 1 6 3
   с б в о а у т → ..................................... , .....................................

**10** Choisissez l'objet que vous emporteriez en fonction de votre destination. Et n'oubliez pas d'employer le bon cas.

портфель   чемодан   сумка   рюкзак   удочка

a. На рыбалку с .....................................
b. В отпуск с .....................................
c. В школу с .....................................
d. На рынок с .....................................
e. В горы с .....................................

Bravo, vous êtes venu à bout du chapitre 17 ! Il est maintenant temps de comptabiliser les icônes et de reporter le résultat en page 128 pour l'évaluation finale.

# L'impératif. La forme courte des adjectifs

## L'impératif

- L'impératif se forme à partir du radical du présent de la 2ᵉ personne du singulier avec le suffixe **-й** si le verbe se termine par une voyelle, ou **-и** s'il se termine par une consonne : **узнавать**, *reconnaître* : **узна - ёшь + й → узнай!** *Reconnais!* ; **идти**, *aller à pied* : **ид - ёшь + и → иди**, *Va!*

- Pour former l'impératif pluriel, on ajoute **-те** au singulier : **иди + те → идите!** *Allez!* L'accentuation reste la même qu'à la 1ʳᵉ personne du singulier.

**❶ Retrouvez l'infinitif des impératifs suivants.**

**a.** Уйди! *Va-t'en !* → ..................................................

**b.** Смотрите! *Regardez !* → ..................................................

**c.** Пой! *Chante !* → ..................................................

**d.** Рисуйте! *Dessinez !* → ..................................................

**e.** Позови! *Appelle !* → ..................................................

**f.** Выходи! *Sors !* → ..................................................

**g.** Замолчите! *Taisez-vous !* → ..................................................

## L'impératif en signe mou

- Les verbes dont le radical se termine par une consonne à la 1ʳᵉ personne du singulier au présent avec accent non final forment leur impératif en signe mou. **Взвесить**, *peser* : **взвешу, взвесишь → взвес + ь → взвесь** (**взвесьте** pour le pluriel).

- Pour les verbes pronominaux la formation est la même, mais il faut rajouter **-сь** après **-й** et **-ся** après une voyelle ou un signe mou.

# L'IMPÉRATIF. LA FORME COURTE DES ADJECTIFS

## 2 Écrivez les verbes suivants à l'impératif singulier.

a. знать, *savoir* → ...................................................

b. кататься, *se balader* (en voiture) → ...................................................

c. решать, *décider* → ...................................................

d. написать, *écrire* → ...................................................

e. ловить, *attraper* → ...................................................

f. пригласить, *inviter* → ...................................................

g. поставить, *poser* → ...................................................

## 3 Écrivez les verbes suivants à l'impératif pluriel.

a. встречаться, *se rencontrer* → ...................................................

b. бросить, *laisser tomber* → ...................................................

c. жить, *vivre* → ...................................................

d. войти, *entrer* → ...................................................

e. мириться, *se réconcilier* → ...................................................

f. отвести, *amener* → ...................................................

g. любить, *aimer* → ...................................................

## 4 Complétez l'infinitif et l'impératif singulier de ces verbes.

| Infinitif | Impératif singulier |
| --- | --- |
| .................................... | реши! |
| отдать | .................................... |
| .................................... | отойди! |
| нести | .................................... |
| сделать | .................................... |
| .................................... | забудь! |
| .................................... | читай! |
| переходить | .................................... |

# L'IMPÉRATIF. LA FORME COURTE DES ADJECTIFS

**5** Réécrivez les phrases selon le modèle.

**ex.** Мальчик берёт сумку, *Un garçon prend le sac.*
→ Возьми сумку!

**a.** Он заходит в дом, *Il entre dans la maison.*
→

**b.** Ты не смеёшься над ним, *Tu ne te moques pas de lui.*
→

**c.** Она порежет хлеб, *Elle coupera le pain.*
→

**d.** Он учит стихи, *Il apprend des poèmes.*
→

**e.** Я добавлю муки, *J'ajouterai de la farine.*
→

**f.** Она читает быстрее, *Elle lit plus vite.*
→

**g.** Он позвонит ей, *Il lui téléphonera.*
→

## Les adjectifs courts

- La forme courte s'utilise en tant qu'attribut du sujet. Elle est utilisée avec le verbe **быть** : **Этот человек молод**, *Cet homme est jeune* (le verbe *être* au présent est omis), **молод** est l'adjectif court de **молодой**. En fait, il suffit d'enlever la terminaison de l'adjectif long pour obtenir le masculin et d'ajouter les terminaisons **-а** pour le féminin, **-о** pour le neutre et **-ы** pour le pluriel. Ainsi, l'adjectif court s'accorde en genre et nombre : **он молод, она молода, оно молодо, они молоды**.
- Cette forme s'utilise également dans des phrases exclamatives : **Как здесь красиво!**, *Comme c'est beau ici !*
- L'adjectif court exprime également une qualité passagère par rapport à une constante exprimée par l'adjectif long : – **Сегодня она слишком весела!**, *Aujourd'hui, elle est trop gaie!* – **По-моему, она всегда такая весёлая**, *À mon avis, elle est toujours aussi gaie.*
- Attention, les adjectifs désignant les couleurs n'ont pas de formes courtes.
- Certains adjectifs n'ont qu'une forme courte : **рад**, *content*, **рада**, *contente*, **рады**, *content(e)s.*

## L'IMPÉRATIF. LA FORME COURTE DES ADJECTIFS

**6** Observez ces adjectifs qui expriment les qualités de l'homme. Retrouvez les adjectifs longs à partir de leurs formes courtes, quand c'est possible.

**a.** быстр, *rapide* → ...................
**b.** резв, *vif* → ...................
**c.** рад, *content* → ...................
**d.** весел, *gai* → ...................
**e.** горазд, *capable de* → ...................
**f.** робок, *timide* → ...................
**g.** одинок, *seul* → ...................

**7** Complétez les phrases à l'aide des étiquettes.

Мудрый | мудро | веселы | быстрый | быстро | весело

**a.** Дети были ................... . *Les enfants étaient gais.*
**b.** ................... старик не стал говорить с ним. *Le sage vieillard ne lui a pas parlé.*
**c.** Он ................... доехал до дома. *Il est arrivé à la maison rapidement.*
**d.** Она ................... решила не ехать туда. *Elle a sagement décidé de ne pas y aller.*
**e.** Всем было ................... . *Tout le monde s'est amusé.*
**f.** Это самый ................... поезд в стране. *C'est le train le plus rapide du pays.*

**8** Formez les adjectifs courts quand c'est possible.

**a.** хороший, *bon* → ...................
**b.** белый, *blanc* → ...................
**c.** молчаливый, *taciturne* → ...................
**d.** тихий, *tranquille* → ...................
**e.** милый, *aimable* → ...................
**f.** оранжевый, *orange* → ...................
**g.** добрый, *bon* → ...................

# L'IMPÉRATIF. LA FORME COURTE DES ADJECTIFS

**9** Soulignez les adjectifs courts dans cet extrait du poème *Eugène Onéguine* d'Alexandre Pouchkine et donnez leurs formes longues.

Как взор его был быстр и нежен,
Стыдлив и дерзок, а порой
Блистал послушною слезой!

................., .................
................., .................
................., .................

*Eugène Onéguine*, Alexandre Pouchkine

**10** Devinez les ingrédients qui composent chacune de ces préparations.

a. Ягоды, сахар

b. Капуста, лук, картофель, морковь, свекла, вода

c. Молоко, овсянные хлопья

d. Вода, ябло[ки], виноград, груши, саха[р]

**11** Retrouvez les adjectifs courts qui se cachent derrières ces énigmes.

a. 14 1 13 → ........................................, *petit*
b. полон → ........................................, *vide*
c. переполох – 2, 3, 4, 5, 6 → ........................................, *mauvais*
d. широка, а он → ........................................, *large*

Bravo, vous êtes venu à bout du chapitre 18 ! Il est maintenant temps de comptabiliser les icônes et de reporter le résultat en page 128 pour l'évaluation finale.

# 19

# Le futur. La négation. Les degrés de comparaison des adjectifs et des adverbes

## Le futur

- Il existe deux formes du futur : le futur des verbes perfectifs (forme simple) et le futur des imperfectifs (forme composée).
  - Le futur des verbes perfectifs s'intéresse au résultat de l'action dans le futur, à l'accomplissement absolu de l'action. La forme est celle du « présent » perfectif.
  - Le futur des verbes imperfectifs se forme avec le verbe **быть**, *être,* au futur auquel on ajoute l'infinitif du verbe imperfectif. Ce futur-là exprime une action qui se prolonge ou se répète dans le futur.
- Le futur du verbe **быть** a les terminaisons de la première déclinaison :

| | |
|---|---|
| **я буду**, *je serai* | **мы будем**, *nous serons* |
| **ты будешь**, *tu seras* | **вы будете**, *vous serez* |
| **он будет**, *il sera* | **они будут**, *ils seront* |

**1** Formez le futur des verbes entre parenthèses.

**a.** Я ................... (**гулять**), *Je vais me promener.*

**b.** Вы ................... (**работать**), *Vous allez travailler.*

**c.** Они ................... (**пойти**) в школу?, *Iront-ils à l'école ?*

**d.** Мы ................... (**отвезти**) детей к бабушке, *Nous emmènerons les enfants chez mamie.*

**e.** Ты ................... (**ответить**) на все вопросы, *Tu répondras à toutes les questions.*

**f.** Вместе мы ................... (**смочь**) всё, *Ensemble, on pourra tout.*

**g.** Он ................... (**играть**) в карты?, *Va-t-il jouer aux cartes ?*

# LE FUTUR. LA NÉGATION. LES DEGRÉS DE COMPARAISON DES ADJECTIFS...

**2** Donnez l'équivalent du futur perfectif à l'imperfectif.

**ex.** мы пойдём, *nous irons* → мы будем ходить

**a.** сделаю, *je ferai* →

**b.** откроешь, *tu ouvriras* →

**c.** забудет, *il/elle oubliera* →

**d.** прочитают, *ils/elles liront* →

**e.** споём, *nous chanterons* →

**f.** помоет, *il/elle lavera* →

**g.** напишут, *ils/elles écriront* →

**3** Choisissez le bon verbe de la liste pour compléter chaque phrase.

вернётся, смотреть, поеду, будешь, будет, сдавать, приглашу, познакомлю, зазвонит

### Après « si »

- Après *si*, on utilise le futur : **Если будет дождь, мы останемся дома**, *S'il pleut, on restera à la maison.*

**a.** Каждый раз, когда она .................... на вас, отворачивайтесь, *Chaque fois qu'elle vous regardera, détournez-vous.*

**b.** Когда он .................... , я .................... вас, *Quand il reviendra, je vous présenterai.*

**c.** Ни за что на свете не .................... её к нам!, *Pour rien au monde je ne l'inviterai chez nous!*

**d.** Ты .................... экзамены в мае?, *Tu vas passer tes examens en mai?*

**e.** В следующем году .................... отдыхать на море, *L'année prochaine, j'irai en vacances à la mer.*

**f.** Если .................... телефон, возьми трубку, *Si le téléphone sonne, décroche.*

## LE FUTUR. LA NÉGATION. LES DEGRÉS DE COMPARAISON DES ADJECTIFS...

**4** Choisissez le bon verbe entre parenthèses et mettez-le au futur.

a. Я .................... (есть/съесть) весь пирог один, *Je mangerai toute la tarte seul.*

b. Завтра он .................... (рассказывать/рассказать) ей правду, *Demain, il lui dira la vérité.*

c. Каждый день они .................... (начинать/начать) с зарядки, *Ils vont commencer tous les jours par une gymnastique.*

d. Мы .................... (встречать/встретить) вас в аэропорту в пять, *Nous viendrons vous chercher à l'aéroport à cinq heures.*

e. Всю осень она .................... (ходить/пойти) на танцы, *Pendant tout l'automne, elle ira danser.*

### La particule négative не

- La particule négative **не** se place directement devant le mot sur lequel porte la négation : **Это не моя книга,** *Ce n'est pas mon livre.* **Вы идёте в театр? – Нет, не в театр, а в кино,** *Allez-vous au théâtre? – Non, pas au théâtre, mais au cinéma.*

**5** Transformez les phrases en niant le mot souligné et donnez la traduction des phrases obtenues.

a. Это <u>ваши</u> дети, *Ce sont vos enfants.*
→ ....................

b. Он <u>был</u> в Крыму, *Il est allé en Crimée.*
→ ....................

c. Ей подарили <u>эти</u> цветы, *On lui a offert ces fleurs.*
→ ....................

d. Она пошла в театр <u>с отцом</u>, *Elle est allée au théâtre avec son père.*
→ ....................

e. <u>Мы</u> заставили вас уйти, *Nous vous avons forcés à partir.*
→ ....................

f. Они пошли <u>в парк</u>, *Ils sont allés au parc.*
→ ....................

# LE FUTUR. LA NÉGATION. LES DEGRÉS DE COMPARAISONS DES ADJECTIFS…

## Le comparatif

- Les adjectifs et les adverbes possèdent la même forme du comparatif.
  - Le comparatif simple (par opposition au composé) se forme au moyen d'un suffixe. On ajoute le suffixe **-ее** à la base (le mot sans terminaison) de l'adjectif ou de l'adverbe : **интересный** (adjectif), **интересно** (adverbe), *intéressant* → **интереснее**, *plus intéressant*.
  - Le comparatif de supériorité composé se forme avec le mot **более**, *plus,* auquel s'ajoute l'adjectif ou l'adverbe : **более интересно**, **более интересный**, *plus intéressant*.
  - Le comparatif des adjectifs ou des adverbes dont le radical se termine par **г**, **к**, **х**, **д**, **т** et plus rarement **з** et **с** se forme avec le suffixe **-е** qui n'est jamais accentué. Dans ce cas, le phénomène de la palatalisation s'applique et un changement de consonnes se produit, comme, par exemple, dans les mots : **дорогой**, *cher* → **дороже**, *plus cher* ; **легко**, *facilement* → **легче**, *plus facilement* ; **просто**, *simplement* → **проще**, *plus simple*.
  - Il y a quelques exceptions : **большой**, *grand* → **больше**, plus grand ; **высокий**, *haut* → **выше**, *plus haut* ; **далеко**, *loin* → **дальше**, *plus loin* ; **дешёвый**, *bon marché* → **дешевле**, *moins cher*, etc.

**6** Transformez les adjectifs proposés d'après le modèle.

**Modèle :** страшный, *effrayant* → страшнее

a. тёмный, *sombre* →

b. весёлый, *gai* →

c. красный, *rouge* →

d. тёплый, *chaud* →

e. красивый, *beau* →

f. трудный, *difficile* →

g. смелый, *courageux* →

## LE FUTUR. LA NÉGATION. LES DEGRÉS DE COMPARAISON DES ADJECTIFS…

**7** Donnez les formes comparatives particulières de ces adjectifs.

**a.** тихий, *calme* → ........................................................................

**b.** узкий, *étroit* → ........................................................................

**c.** большой, *grand* → ........................................................................

**d.** широкий, *large* → ........................................................................

**e.** низкий, *bas* → ........................................................................

**f.** громкий, *bruyant* → ........................................................................

**g.** маленький, *petit* → ........................................................................

**8** Mettez la bonne forme des mots de la liste.

умный   смелый   тихо   мудрый   важно   быстро

**a.** Говорите, пожалуйста,
→ ........................................ !, *Parlez plus doucement, s'il vous plaît !*

**b.** Сделайте это → ........................................, *Faites-le vite.*

**c.** Надо быть → ........................................ его!, *Il faut être plus intelligent que lui !*

**d.** С возрастом все становятся → ........................................, *Avec l'âge, tout le monde devient plus sage.*

**e.** Мне → ........................................ знать, куда пошли мои дети, *Il est important pour moi de savoir où sont allés mes enfants.*

**f.** Ну, заходите → ........................................ ! Я не кусаюсь *Allez, n'ayez pas peur, entrez ! Je ne vous mordrai pas.*

# LE FUTUR. LA NÉGATION. LES DEGRÉS DE COMPARAISON DES ADJECTIFS...

## Le superlatif

- Le superlatif composé est formé avec **самый**, *le plus* + l'adjectif (peut être suivi de **из всех**, *de tous*) : **самый интересный из всех**, *le plus intéressant de tous*.
- Le superlatif simple est formé avec le suffixe **-ейший** (**-ейшая, -ейшее, -ейшие**). Il ne peut pas être suivi de **из всех**, *de tous* : **интересный**, *intéressant* → **интереснейший**, *le plus intéressant*. Après une chuintante, le suffixe se transforme en **-айший** (**ая, ее**) et la consonne change assez régulièrement : **близкий**, *proche* → **ближайший**, *le plus proche* (la suite de consonnes **зк** se change en **ж**) ; **дикий**, *sauvage* → **дичайший**, *le plus sauvage* (le **к** se change en **ч**). Attention, le suffixe est toujours accentué sur l'avant-dernière syllabe.
- Le superlatif absolu simple est formé avec le préfixe **наи-** qui s'ajoute à l'adjectif long : **наилучший**, *le meilleur*.

**9** Complétez les phrases en choisissant les bonnes formes dans la liste.

*длиннее* *простейшее* *дешевле* *старше* *широчайший* *красивейший*

a. Их сын .................... вашего, *Leur fils est plus âgé que le vôtre.*

b. Это .................... упражнение!, *C'est un exercice des plus simples !*

c. Ты платишь за телефон ...................., чем я, *Tu paies ton téléphone moins cher que moi.*

d. Эта дорога .................... нашей обычной, *Cette route est plus longue que notre route habituelle.*

e. У него .................... голос, *Il a une voix des plus belles.*

f. В этом магазине .................... выбор тканей, *Dans ce magasin le choix des tissus est des plus larges.*

## LE FUTUR. LA NÉGATION. LES DEGRÉS DE COMPARAISON DES ADJECTIFS…

**10** Donnez le superlatif des adjectifs suivants au masculin.

**a.** редкий, *rare* → ...........................................................................

**b.** мудрый, *sage* → ...........................................................................

**c.** главный, *principal* → ...........................................................................

**d.** умный, *intelligent* → ...........................................................................

**e.** высокий, *haut* → ...........................................................................

**f.** быстрый, *rapide* → ...........................................................................

**11** Complétez le tableau.

| Adjectif | Adverbe | Comparatif | Superlatif |
|---|---|---|---|
| глупый, *bête* | | | |
| добрый, *bon* | добро | | |
| бедный, *pauvre* | | беднее | |
| вкусный, *délicieux* | | | |
| ............, *brusque* | | резче | резчайший |
| короткий, *bref* | коротко | | кратчайший |
| ............, *bon* (pour la santé) | полезно | | |
| известный, *connu* | | | известнейший |

Bravo, vous êtes venu à bout du chapitre 19 ! Il est maintenant temps de comptabiliser les icônes et de reporter le résultat en page 128 pour l'évaluation finale.

# Как et какой. Les noms propres. L'accent tonique. Quelques mots utiles

## Как et какой

- Les mots **как?** et **какой?** sont souvent confondus. Pourtant, la différence est assez simple.
  - **как** s'utilise pour poser une question ayant pour réponse des adjectifs courts ou des adverbes, mais aussi pour une réponse qui décrit une action.
  - **какой** sert à poser une question sur les adjectifs longs qui décrivent l'objet ou qui le caractérisent d'une manière ou d'une autre.

- Par exemple : **Как дела? – Хорошо.** – *Comment ça va ? – Bien.* Mais : **Какая у него машина? – Красная.** *Comment est sa voiture ? – Rouge.* Ou bien : **Какая у него машина? – Новый кабриолет.** *Quelle voiture a-t-il ? – Une nouvelle décapotable.*

 Répondez aux questions suivantes en choisissant les mots parmi ceux proposés.

**второе марта**

**болеет**

**по Интернету**

**Таня**  **жарко**

**через окно**

a. Как он? *Comment va-t-il ?*
→ ...........................................

b. Какая сегодня погода? *Quel temps fait-il aujourd'hui ?*
→ Сегодня ...........................................

c. Как тебя зовут? *Comment t'appelles-tu ?*
→ ...........................................

d. Какое сегодня число? *Quel jour sommes-nous ?*
→ ...........................................

e. Как ты сюда попал? *Comment t'es-tu retrouvé ici ?*
→ ...........................................

f. Как она нашла тебя? *Comment t'a-t-elle trouvé ?*
→ ...........................................

## КАК ET КАКОЙ. LES NOMS PROPRES. L'ACCENT TONIQUE. QUELQUES MOTS UTILES

### Как et какой dans les phrases exclamatives

- Dans les phrases exclamatives, **как** suivra les adjectifs courts et les adverbes, tandis que **какой** précédera les adjectifs longs en s'accordant avec ces derniers : **Как хорошо!**, *Comme c'est bien!* **Какая ты красивая!**, *Que tu es belle!*
- L'adjectif **какой** se décline comme tous les autres adjectifs avec l'accent tonique final, par exemple, **большой.**

**2** Complétez les phrases suivantes à l'aide des étiquettes.

Какое   Какой   Как   Как   Какие   Как

a. ............... тебе идёт это платье!, *Que cette robe te va bien!*

b. ............... вы счастливые!, *Que vous êtes heureux!*

c. ............... у тебя толстый кошелёк!, *Que ton portefeuille est épais!*

d. ............... мне понравился концерт!, *Qu'est-ce que j'ai adoré le concert!*

e. ............... яркое сегодня солнце!, *Que le soleil est brillant aujourd'hui!*

f. ............... ловко вы всё сделали!, *Comme vous avez tout fait habilement!*

**3** Choisissez le bon mot interrogatif pour compléter les questions suivantes.

Что   Какой   Зачем   Как   Какие   Как   Кто

a. ............... сегодня праздник?, *Quelle est la fête aujourd'hui?*

b. ............... добраться до центра?, *Comment va-t-on au centre-ville?*

c. ............... нельзя купить за деньги?, *Qu'est-ce qu'on ne peut pas acheter avec de l'argent?*

d. ............... цвета ты любишь?, *Quelles couleurs aimes-tu?*

e. ............... тебе деньги?, *Pourquoi as-tu besoin d'argent?*

f. ............... в тебя влюбился?, *Qui est tombé amoureux de toi?*

g. ............... быстро выучить русский язык?, *Comment apprendre rapidement le russe?*

# КАК ЕТ КАКОЙ. LES NOMS PROPRES. L'ACCENT TONIQUE. QUELQUES MOTS UTILES

## Les noms propres

- Les noms propres russes s'écrivent avec une majuscule. Ils se déclinent comme tous les autres noms et suivent la même logique que les noms, selon leur terminaison au nominatif.
- Attention, les adjectifs, les verbes, etc., vont s'accorder avec le « genre logique » des noms propres : **Толя был сильным мальчиком**, *Tolia* (diminutif d'Anatole) *était un garçon fort.*

**4** Entourez le bon prénom pour que la phrase soit correcte.

a. (**Света / Слава**) была на даче всё лето.

b. (**Олег / Рита**) купил яблок.

c. (**Женя / Зина**) очень красивый.

d. (**Саша / Слава**) купила себе платье.

e. (**Вера / Кирилл**) выпила весь сок.

f. (**Лиза / Сева**) ушёл в кино.

## Les diminutifs

- Les Russes utilisent beaucoup les diminutifs pour les prénoms. Ainsi **Александра**, *Alexandra*, et **Александр**, *Alexandre*, ont tous les deux un diminutif : **Саша** ou **Шура**… Pas facile de s'y retrouver !

**5** Mettez les prénoms entre parenthèses au bon cas.

a. Он пошёл в гости к ........................ (**Анна**), *Il est allé chez Anna.*

b. Я видел ........................ (**Сергей**) в парке, *J'ai vu Serguei au parc.*

c. ........................ (**Антон**) играет с ........................ (**Коля**), *Anton joue avec Kolia.*

d. Мы говорим о ........................ (**Вадим**), *Nous parlons de Vadim.*

e. Они назвали дочь ........................ (**Татьяна**), *Ils ont appelé leur fille Tatiana.*

f. Я от ........................ (**Влад**). *Je rentre de chez Vlad.*

## КАК ЕТ КАКОЙ. LES NOMS PROPRES. L'ACCENT TONIQUE. QUELQUES MOTS UTILES

**6** Reliez les prénoms « longs » à leur diminutif.

a. Катя
b. Вова
c. Света
d. Гена
e. Лена
f. Оля
g. Дима

1. Светлана
2. Дмитрий
3. Геннадий
4. Екатерина
5. Ольга
6. Владимир
7. Елена

**7** Retrouvez les prénoms russes qui se cachent derrière ces charades.

a.

b. **Маленькая Мария**

c. О ва

d. 115X21

e.

a. ....................................
b. ....................................
c. ....................................
d. ....................................
e. ....................................

### L'accent tonique russe

L'accent tonique russe est très capricieux. Les règles qui le régissent sont assez complexes. Parfois il se déplace lors de la déclinaison ou de la conjugaison, parfois il reste fixe. En tout cas, il est très important dans certains mots, car son déplacement change leur sens.

**8** Classez les mots suivants en fonction de leur accent.

клоун
компьютер
разница
окно
зелёный
человек
земля
утка

телевизор
удача
телефон
книга
курица
перчатка
кошелёк

| Accent au début du mot | Accent au milieu du mot | Accent à la fin du mot |
|---|---|---|
| | | |
| | | |
| | | |
| | | |
| | | |

# КАК ET КАКОЙ. LES NOMS PROPRES. L'ACCENT TONIQUE. QUELQUES MOTS UTILES

**9** Choisissez 3 mots qui peuvent être accentués de manières différentes en changeant leur sens et donnez leurs traductions.

целую   рука   стоит
услуга   уйти   школа
вести   река

a. ................................ , ................................
b. ................................ , ................................
c. ................................ , ................................

**10** Reliez la bonne traduction à son homographe en respectant l'accent tonique indiqué en gras.

a. кл**у**бы     clubs
    клуб**ы**     bouffées (de fumée)

b. м**у**ка     farine
    мук**а**     torture

c. в**и**на     faute
    вин**а**     vins

d. з**а**мок     château
    зам**о**к     serrure

## КАК ЕТ КАКОЙ. LES NOMS PROPRES. L'ACCENT TONIQUE. QUELQUES MOTS UTILES

**II** Complétez les phrases avec les bonnes étiquettes.

a. ..................., пожалуйста! – ...................!, *Excusez-moi! – Cela ne fait rien!*

b. ...................! Это ...................!, *Attention! C'est dangereux!*

c. ..................., пожалуйста, где метро?, *Pourriez-vous me dire, s'il vous plaît, où est le métro?*

d. Спасибо! До ...................!, *Merci! Au revoir!*

e. ..................., пожалуйста, громче. *Parlez plus fort, s'il vous plaît.*

f. Спасибо ...................! – Не за ...................!, *Merci beaucoup! – De rien!*

g. Я ................... говорю и ................... по-русски. *Je parle et comprends un peu le russe.*

Bravo, vous êtes venu à bout du chapitre 20! Il est maintenant temps de comptabiliser les icônes et de reporter le résultat en page 128 pour l'évaluation finale.

# SOLUTIONS

## 1. Alphabet, lettres, sons

❶ a. lampe b. magasin c. rose d. cacao e. concert f. Russie g. sport h. examen i. texte j. minute

❷ 1. баран 2. волк 3. гусь 4. дрозд 5. енот 6. ёж 7. зебра 8. кот 9. лиса 10. овца 11. попугай 12. слон 13. тигр 14. утка 15. черепаха

❸

| Son | t | p | s | ch | h | k |
|---|---|---|---|---|---|---|
| кот, chat | x | | | | | |
| Бог, Dieu | | | | | x | |
| лес, forêt | | | x | | | |
| дуб, chêne | | x | | | | |
| рог, corne | | | | | | x |
| пот, sueur | x | | | | | |
| под, sous | x | | | | | |
| час, heure | | | | x | | |
| муж, mari | | | | x | | |
| шаг, pas | | | | | | x |
| таз, bassine | | | x | | | |
| рот, bouche | | | x | | | |
| зуб, dent | | x | | | | |
| глаз, œil | | | x | | | |
| зуд, démangeaison | x | | | | | |
| миг, instant | | | | | | x |

❹ a. молоко b. пельмени c. огурец d. помидор e. мука f. мясо g. колбаса h. шашлык i. апельсин j. яблоко

❺ a. хлеб b. масло c. маргарин d. сахар e. борщ f. икра g. картофель h. свинина i. лимон j. баранина k. арбуз

❻ a. bom-ba b. guit c. massach d. tilifo-n e. maskarat f. chykalat g. ristara-n h. parich i. krap j. ba-nk k. kara-ndach

❼ a. полдник b. ресторан

❽ a. сок b. рот c. зонт d. кот e. шок f. шик g. стул h. вор i. день j. сила k. газ

❾ a. chalach b. topat c. dovat d. mim e. zakas f. dahot g. oka h. patop i. kazak j. radar

## 2. Le nominatif des noms et des adjectifs. 3 genres.

❶ a. n b. m c. m d. m e. f f. m g. f h. n i. f j. n k. f l. n

❷ **féminin** : ночь, кровать, лень, дочь, дверь, тетрадь, часть

**masculin** : конь, путь, водитель, день, тополь, медведь

❸ a. f b. m c. f d. n e. f f. m

❹ a. f b. n c. f d. n e. f f. m g. f h. m i. m j. n k. f l. m

❺ a. чёрный кот b. быстрое течение c. интересная книга d. синее небо e. странное дело f. умная девочка g. большая страна h. лысый мужчина

❻ a. француз – Париж b. японец – Токио c. немец – Берлин d. русский – Москва e. англичанин – Лондон f. итальянец – Рим g. испанец – Мадрид

❼ a. синий b. красная c. голубое d. розовая e. тёплый f. зелёная g. большой h. светлая i. оранжевое j. отличный k. тихая l. серый m. сильный

❽

|   | A↓ | B↓ | 1↓ |   |   |   |   |   |   |
|---|---|---|---|---|---|---|---|---|---|
|   |   |   | п |   | р | о | т |   |   |
| C↓|   | а |   | и | у |   |   | D↓|   |
|   | п | л | и | ц | к |   |   | к |   |
| 2 | К | о | л | е | н | о |   | у |   |
|   | д | ц |   |   | б |   |   | л |   |
|   | б |   |   |   | р |   |   | а |   |
| 3 | п | о | з | в | о | н | о | ч | н | и | к |
|   | р | е |   |   | в |   |   | о |   |
|   | о | к |   |   | к |   |   | л |   |
|   | д |   |   |   |   |   |   |   |   |
|   | о |   |   |   | у | х | о |   |   |
| 5 | к | и | с | т | ь |   | с | б |   |

❾ a. 4 b. 3 c. 8 d. 6 e. 2 f. 5 g. 1 h. 7

❿ a. русский b. китаец c. финн d. словак e. итальянец f. француз g. американец h. англичанин i. японец j. немец k. чех

⓫ a. non b. oui : бизнесвумен ou бизнес-леди c. non d. non e. non f. oui : кассирша g. non h. non i. oui : официантка j. non k. oui : певица

## 3. Le nominatif pluriel des noms et des adjectifs. Le pronom personnel

❶ a. Что это? b. Кто это? c. Кто это? d. Кто это? e. Что это? f. Что это? g. Что это? h. Что это? i. Кто это? j. Кто это? k. Что это?

❷ a. телевизоры b. двери c. окна d. буквы e. музеи f. картины g. страны h. статуи

❸ a. корабль, m b. кот, m c. тетрадь, f d. арбуз, m e. окно, n f. тень, f g. предложение, n h. птица, f i. конь, m j. море, n k. мост, m l. облако, n

❹ a. словари b. мальчики c. отели d. рубашки e. пижамы f. глаголы g. мячи h. реки i. огороды j. зимы k. карандаши l. трамваи

❺ a. дом, m b. человек, m c. женщина, f d. ребёнок, m e. растение, n f. брат, m

## SOLUTIONS

g. предложение, n h. плащ, m i. учитель, m j. яблоко, n k. глаз, m

**6** 1. b 2. b 4. a 7. c

**7** a. оно жёлтое b. она тихая c. они весёлые d. они зелёные e. он яркий f. она большая g. оно синее

**8** a. маленькие мальчики b. интересные фильмы c. мягкие подушки d. белые облака e. коричневые сапоги f. отличные книги g. синие окна h. длинные песни

**9** интервью, меню, метро, пальто, такси, радио

**10** чёрный баран ; глупый ребёнок ; быстрые кони ; тихие реки ; прошлый год ; знакомые мотивы ; лёгкое задание.

**11** A. 1. волосы 2. лоб 3. глаза 4. уши 5. щёки 6. нос 7. рот 8. подбородок 9. шея B. 1. голова 2. плечи 3. грудь 4. руки 5. живот 6. пальцы 7. колени 8. ноги

### 4. Le verbe. Le présent et le futur simple

**1** a. читаешь b. читает c. читаем d. вы e. читают f. я g. ты h. смотрит i. смотрим j. смотрите k. они

**2** a. Они думают b. Ты куришь c. Вы читаете d. Она слушает e. Я гуляю f. Мы играем g. Ты зовёшь h. Они рисуют i. Вы слышите

**3** a. Мы здесь b. Вы идёте c. Они пишут d. Они поют e. Он/Она гуляет f. Я режу g. Ты свистишь h. Он/Она покупает i. Я – космонавт

**4** a. несу b. разговариваете c. делают d. работает e. пишем f. варит g. учишь h. покупаете i. тушу

**5** a. 4 b. 7 c. 6 d. 2 e. 3 f. 1 g. 5

**6** a. мыться, моюсь, моется b. решаться, решаемся, решаются c. пугаться, пугаешься, пугаетесь d. злиться, злюсь, злятся e. молиться, молюсь, молятся f. ругаться, ругаешься, ругаемся

**7** a. Когда b. Почему c. Где d. Сколько e. Кто f. Как g. Куда

**8** a. думать: думаю b. ждать: жду c. пить: пью d. говорить: говорю e. мочь: могу f. жить: живу g. видеть: вижу h. спать: сп i. есть: ем

**9** a. спать b. есть c. пить

**10**

| | я | ты | он | мы | вы | они |
|---|---|---|---|---|---|---|
| дать, *donner* | дам | дашь | даст | дадим | дадите | дадут |
| бежать, *courir* | бегу | бежишь | бежит | бежим | бежите | бегут |
| брать, *prendre* | беру | берёшь | берёт | берём | берёте | берут |
| ждать, *attendre* | жду | ждёшь | ждёт | ждём | ждёте | ждут |
| ехать, *aller* | еду | едешь | едет | едем | едете | едут |
| жить, *vivre* | живу | живёшь | живёт | живём | живёте | живут |
| звать, *appeler* | зову | зовёшь | зовёт | зовём | зовёте | зовут |
| любить, *aimer* | люблю | любишь | любит | любим | любите | любят |
| платить, *payer* | плачу | платишь | платит | платим | платите | платят |
| спать, *dormir* | сплю | спишь | спит | спим | спите | спят |
| писать, *écrire* | пишу | пишешь | пишет | пишем | пишете | пишут |
| мочь, *pouvoir* | могу | можешь | может | можем | можете | могут |
| пить, *boire* | пью | пьёшь | пьёт | пьём | пьёте | пьют |
| есть, *manger* | ем | ешь | ест | едим | едите | едят |

### 5. Les pronoms personnels. Les pronoms interrogatifs кто et что. Le locatif des noms et des adjectifs

**1** a. Мы её знаем. b. Он с ними знаком. c. Я его люблю. d. Ты над ним смеёшься. e. Вы о ней слышали? f. Дети были рады её видеть. g. Они ему не верят. h. Я уже её читал. i. Вы его купили? j. Она в нём живёт.

**2** a. Откуда ты их знаешь? b. Я вижу тебя! c. Вы идёте со мной? d. Это мне? e. Хочу представить вам его/его вам. f. После школы мы едем к ней. g. Он встретил её вчера. h. Поздравляю вас! i. Как их зовут? j. Она всегда говорит о тебе. k. Нам это очень приятно.

**3** a. нас b. они c. им d. ними e. тебе f. она g. его h. тобой i. вас j. тебя k. неё l. мне

**4** a. что b. С чем c. О чём d. что e. чего f. чему

**5** a. жизни b. лесе c. здании d. саду e. аэропорту f. реке g. змеях h. балконе i. островах j. углу

**6** a. на стене b. в действительности c. в носках d. на картине e. в кино f. на пути g. в поезде h. на горе i. в руке j. в носу k. на ушах

**7** HA : b, c, d, f, g, h, i, j, k, l, m  B : a, b, d, e, f, i, j, k, m

**8** a. на почте b. в аэропорту c. в ящике d. на море e. в зале f. На полу g. В кассе h. в очереди i. на берегу j. в музее

**9** a. сук, m b. такси, n c. дом, m d. завод, m e. лодка, f f. вода, f g. земля, f h. холодильник, m i. ночь, f j. гора, f k. школа, f

121

# SOLUTIONS

### 6. Le passé. Les cardinaux et les ordinaux

**❶**

|  | Masculin | Féminin | Pluriel |
|---|---|---|---|
| бежать, courir | бежал | бежала | бежали |
| ждать, attendre | ждал | ждала | ждали |
| ехать, aller | ехал | ехала | ехали |
| жить, vivre | жил | жила | жили |
| звать, appeler | звал | звала | звали |
| любить, aimer | любил | любила | любили |
| платить, payer | платил | платила | платили |
| спать, dormir | спал | спала | спали |
| писать, écrire | писал | писала | писали |
| пить, boire | пил | пила | пили |
| есть, manger | ел | ела | ели |

**❷** a. мы гуляли b. он отдал c. ты рисовал (рисовала) d. они целовали e. вы делали f. он шёл g. я решал (решала) h. она смотрела i. они шли j. он вёз k. вы ушли l. они резали

**❸** a. вы ругались b. я нежился (нежилась) c. он смеялся d. они прятались e. мы тренировались f. он раздался g. я вырвался (вырвалась) h. она открылась i. вы разулись j. ты радовался (радовалась) k. мы боялись l. она кружилась

**❹** a. ноль b. один c. два d. три e. четыре f. пять g. шесть h. семь i. восемь j. девять k. десять

**❺** a. одна дверь b. две бутылки c. один слон d. два глаза e. одна лампа f. одно кольцо g. три банана h. два барана i. одна вешалка j. два учителя k. один чемодан

**❻** семь, восемь, девять, десять, одиннадцать, двенадцать, тринадцать, четырнадцать, пятнадцать, шестнадцать

**❼** a. быть, être b. спать, dormir c. ходить, marcher d. хотеть, vouloir e. петь, chanter f. пить, boire g. дать, donner h. учить, apprendre i. есть, manger j. купить, acheter k. давать, donner l. звать, appeler

**❽** a. шесть b. четыре c. девять d. один e. ноль f. десять g. пять h. два i. восемь j. семь k. одиннадцать

**❾** a. первая книга b. седьмое небо c. девятый ряд d. вторые на финише e. третье мороженое f. шестой бокал g. десятый этаж h. четвёртая волна i. двенадцатая студентка j. восьмое слово k. одиннадцатые сапоги j. пятый уровень

**❿** a. первая b. шестая c. пятнадцатая d. десятая e. четвёртая f. седьмая g. пятая h. вторая i. двадцатая j. семнадцатая

|  | Présent | | | Passé | | |
|---|---|---|---|---|---|---|
|  | 1ʳᵉ pers. sing. | 2ᵉ pers. sing. | 3ᵉ pers. pluriel | masc. | fém. | pluriel |
| делать, faire | делаю | делаешь | делают | делал | делала | делали |
| мочь, pouvoir | могу | можешь | могут | мог | могла | могли |
| говорить, parler | говорю | говоришь | говорят | говорил | говорила | говорили |

### 7. La déclinaison des pronoms possessifs. L'adverbe.

**❶** a. её виза b. твои дети c. их кровать d. моя собака e. свои мечты f. наше зеркало g. его причёска h. твой кошелёк

**❷** a. мой красный сапог b. наша осенняя шапка c. мои новые велосипеды d. их белые плащи e. твой красный цветок f. её синие блузки g. ваше лёгкое упражнение h. свои плохие привычки i. его старый друг j. ваша долгая история k. твои жёлтые шляпы l. моя грязная рука

**❸** a. Их b. О наших c. Нашей d. Вашего e. С его / её f. В моём g. свой / наш h. её i. в вашем j. Нашей

**❹** A. a. твоё лицо b. моя юбка c. свои проблемы d. его дочь B. a. твоя бабушка b. ваше предложение c. наш район d. их правила C. a. моя подруга b. её давление c. твой дом d. ваши результаты

**❺** a. 5 b. 7 c. 10 d. 1 e. 12 f. 9 g. 2 h. 4 i. 11 j. 6 k. 8 l. 3

**❻** рано, *tôt*, медленно, *lentement*, опасно, *dangereusement*, затем, *ensuite*, сначала, *d'abord*, влево, *à gauche*, потом, *après*.

**❼**

| 1 | Ш | А | Р | Ф |  |  |
|---|---|---|---|---|---|---|
| 2 | Ю | Б | К | А |  |  |
| 3 | Б | Р | Ю | К | И |  |
| 4 | Н | О | С | К | И |  |
| 5 | Ш | О | Р | Т | Ы |  |
| 6 | Т | Р | У | С | Ы |  |
| 7 | Ш | Л | Я | П | А |  |
| 8 | П | Л | А | Т | Ь | Е |
| 9 | К | У | Р | Т | К | А |
| 10 | П | И | Д | Ж | А | К |
| 11 | П | А | Л | Ь | Т | О |
| 12 | Г | А | Л | С | Т | У | К |
| 13 | Р | У | Б | А | Ш | К | А |
| 14 | Ф | У | Т | Б | О | Л | К | А |
| 15 | П | Е | Р | Ч | А | Т | К | И |

❽ a. где-то b. что-то c. когда-нибудь d. Кто-то e. Когда-то f. Зачем-то
❾ a. смело b. рано c. сразу d. скоро e. просто f. вместе g. долго
❿ a. плохой b. сильно c. отличная d. легко
⓫ быстро рано опасно медленно скучно весело поздно

**8. Le génitif singulier. Le génitif des adjectifs**
❶ a. чей b. чьи c. чья d. чьё e. чьи f. чей g. чья
❷ a. риса b. моря c. жены d. слона e. мечты f. зеркала g. расчёски h. стула
❸ a. двери b. мяча c. книги d. жизни e. сквера f. коня g. школы h. бассейна
❹ a. ребёнок, m b. мысль, f c. небо, n d. тетрадь, f e. нож, m f. окно, n g. предложение, n h. врач, m
❺ a. Это коляска девочки. b. Это дочь Олега. c. Это слава города. d. Это пуговица пижамы. e. Это свет фонаря. f. Это речь президента. g. Это перелом плеча. h. Это свет звезды. i. Это шум прибоя. j. Это знамя отряда.
❻ a. Книга Саши. b. Лампа мамы. c. Телефон Сергея. d. Сын друга. e. Мечта поэта. f. Стул Егора. g. Год России.
❼ a. быстрого b. частой c. рыжего d. каждого e. могучей f. какого g. грядущего
❽ a. тихой гавани b. красного помидора c. бывшего учителя d. зелёной травы e. нового зеркала f. чёрной дыры g. спокойного характера
❾ a. Здесь нет хорошего ресторана. b. Здесь нет отличной оценки. c. Здесь нет нового ученика. d. Здесь нет разбитого окна. e. Здесь нет редкого вида. f. Здесь нет сильного дождя.
❿ a. Из далёкого b. У лучшей c. От тайного d. Без хорошей e. Около первого f. Для прекрасной g. До дальнего
⓫ a. меня b. Кто c. верблюда d. Шоколада e. кого – сына

**9. Le génitif pluriel. L'accord des cardinaux. Les mots de quantité**
❶ a. шкаф b. гений c. день d. урок e. муж f. дом g. галстук
❷ a. книга b. голова c. революция d. жизнь e. губа f. пила g. газета
❸ a. лицо b. дело c. здание d. поле e. место f. вино g. яблоко
❹ a. игр b. фильмов c. морей d. карандашей e. туч f. одеял g. кос h. хвостов
❺ a. нет телефонов b. нет рек c. нет окна d. нет кирпичей e. нет газет f. нет стаканов g. нет тетрадей
❻ a. ведро воды b. много яблок c. миллион роз d. кружка молока e. мало энергии f. пачка сигарет g. кастрюля супа
❼ a. гвоздей b. упражнений c. молока d. школ e. учителей f. альбомов g. кастрюль
❽ a. одна девочка b. шесть морей c. двадцать четыре листа d. три кружки e. двадцать одно окно f. пятнадцать вентиляторов g. десять рублей h. двенадцать рыб
❾ a. одно лицо b. четыре ребёнка c. сто одна девочка d. одиннадцать ламп e. ноль эмоций f. пятьдесят один человек g. два района h. двадцать одна доска i. одна кровать j. шестнадцать карандашей k. тридцать три дома l. сорок две подруги
❿ a. вагон картошки b. нет ученика c. один день d. мало терпения e. брат Кати f. двадцать граммов g. много шляп h. три товарища
⓫ a. C'est le fils d'Oleg. b. Dans la maison, il n'y a pas d'eau. c. Ils ont beaucoup d'argent. d. – À qui est cette robe ? – À ma sœur. e. Je ne veux pas y aller sans mes copains. f. Aujourd'hui, il y a peu de vent. g. J'ai vu quatre dauphins.

**10. Le génitif des adjectifs. L'accusatif des noms et des adjectifs. La notion du positionnement avec ou sans mouvement**
❶ A. a. красной b. летней c. весёлой B. a. свежего b. жёлтого c. важного C. a. зелёных b. больших c. внутренних
❷ a. чёрной b. синей c. тёплых d. домашнего e. вкусного f. нового g. цветных
❸ a. стул b. мальчика c. рис d. Париж e. кота f. огонь g. ответ
❹ a. овцу b. землю c. машину d. ночь e. спину f. Россию g. нацию
❺ a. компьютеры b. собак c. учеников d. моря e. города f. короны g. королей h. результаты
❻ A b. корабль c. плечо e. самолёт h. станцию B a. лису d. лошадь f. Сергея g. брата
❼ a. красивую открытку b. синий свитер c. известного человека d. маленькую девочку e. разбитое окно f. высокий дом g. интересную книгу
❽ a. красную куртку b. прекрасные песни c. целый зал d. отличную свадьбу e. древнюю историю f. длинную передачу
❾ a. Куда b. Где c. Где d. Куда e. Куда f. Где g. Куда

## SOLUTIONS

**❿** a. яблоко b. столы c. кровать d. правду e. журналы f. стулья

**⓫** a. свитера b. воды c. школу d. лесу e. литров f. театр g. сока h. сестры

### 11. Le temps, l'heure et l'époque

**❶** a. один час b. два часа c. пять часов d. девять часов e. одиннадцать часов f. четыре часа g. двенадцать часов

**❷** a. двадцать один час b. шесть часов c. двадцать три часа d. восемь часов e. шестнадцать часов f. десять часов g. двадцать два часа

**❸** a. минут b. минуты c. - d. минут e. - f. - g. минут h. минуты i. -

**❹** a. пять двадцать b. четыре ноль три c. двенадцать ноль ноль d. двенадцать пятнадцать e. одиннадцать тридцать f. шесть сорок пять g. двадцать два ноль семь h. пятнадцать двадцать три i. три сорок

**❺** a. утром b. днём c. вечером d. ночью

**❻** a. сегодня b. завтра c. вчера d. зимой e. весной f. летом g. осенью

**❼** a. 2 ; b. 7 ; c. 5 ; d. 6 ; e. 1 ; f. 3 ; g. 8 ; h. 4

**❽** a. в понедельник b. во вторник c. в среду d. в четверг e. в пятницу f. в субботу g. в воскресенье

**❾** a. в январе b. в феврале c. в марте d. в апреле e. в мае f. в июне g. в июле h. в августе i. в сентябре j. в октябре k. в ноябре l. в декабре

**❿** a. Осенью b. Днём c. Ночью d. Осень e. Летом f. лето

**⓫** a. СЕЙЧАС b. СНАЧАЛА c. ПОТОМ d. НЕСКОРО e. ВСЕГДА f. НИКОГДА g. ИНОГДА h. СРАЗУ

### 12. Le datif des noms et des adjectifs. Le vocabulaire de l'espace. Les mots de liaison logique

**❶** a. учителю b. подруге c. ему d. человеку e. сестре f. шефу g. земле

**❷** a. большому b. тихой c. дальнему d. близкому e. проворному f. чуткой g. правильному

**❸** a. тихой улице b. больному соседу c. хорошей погоде d. гордой девушке e. тёмному коридору f. громкой песне g. грустному концу

**❹** a. послушным детям b. сильным дождям c. цветным карандашам d. слабым мускулам e. тёмным аллеям f. смешным картинкам

**❺** a. Тане b. брату c. вам d. Малышу e. Дедушке f. Человеку

**❻** a. 4 b. 3 c. 5 d. 2 e. 1

**❼** a. весело b. плохо c. хорошо d. больно e. удобно

**❽** a. двоюродному брату b. учительнице c. тёте Наташе d. нам e. всем

**❾** a. тебе b. задачу c. телевизор d. отцу e. детям f. стол

**❿**

| 1 | Ю | Г |   |   |   |   |
| --- | --- | --- | --- | --- | --- | --- |
| 2 | Т | А | М |   |   |   |
| 3 | С | Е | В | Е | Р |   |
| 4 | З | А | П | А | Д |   |
| 5 | З | Д | Е | С | Ь |   |
| 6 | В | Н | И | З | У |   |
| 7 | П | Е | Р | Е | Д |   |
| 8 | Б | Л | И | З | К | О |
| 9 | Д | А | Л | Е | К | О |
| 10 | В | О | С | Т | О | К |
| 11 | В | Н | У | Т | Р | И |
| 12 | С | Н | А | Р | У | Ж | И |

**⓫** a. к тому же b. поэтому c. в итоге d. Несмотря на e. Если - то f. например g. потому что

**⓬** a. зуб, *dent* b. банан, *banane* c. аптека, *pharmacie* d. пирог, *tarte* e. салат, *salade* f. холод, *froid*

### 13. L'instrumental des noms et des adjectifs. Les verbes exigeant l'emploi de l'instrumental

**❶** a. слоном b. кожей c. кистью d. летом e. человеком f. жизнью

**❷** a. рыбами b. карандашами c. тетрадями d. реками e. столами f. героями g. врачами

**❸** a. сапог b. весна c. улица d. муж e. кольцо f. конь g. соль

**❹** a. синим небом b. красной вишней c. большим альбомом d. высоким домом e. старой бабушкой f. тихим голосом g. жарким днём

**❺** a. сильными волнами b. одинокими людьми c. красивыми девушками d. густыми лесами e. новыми зданиями f. долгими дорогами g. редкими случаями

**❻** a. зелёным арбузом b. весёлой компанией c. резким заявлением d. интересным фильмом e. долгой жизнью f. последними занятиями g. умной ученицей

**❼** a. чёрным фломастером b. помощницей c. тихим голосом d. сильной e. спокойным мальчиком f. учителем

**❽** a. красками b. собакой c. большим d. космонавтом e. маленьким f. гимнастикой

**❾** a. пальцем – instrumental b. школу – accusatif c. телевизор – accusatif d. чай – accusatif e. парикмахером – instrumental

**f.** ручкой – instrumental

**10** **a.** 6 **b.** 8 **c.** 1 **d.** 2 **e.** 7 **f.** 3 **g.** 5 **h.** 4

### 14. Les prépositions, les questions et les cas

**1** **a.** на – Il y a des nuages dans le ciel. **b.** к – Nous allons chez maman. **c.** под – Le chien est sous la table. **d.** из – Il rentre de Moscou. **e.** перед – Le fauteuil est devant la télé. **f.** от – Ils rentrent de chez leur sœur.

**2** **a.** стене – Le tableau est accroché sur le mur. **b.** книге – Dans ce livre, il y a beaucoup d'images. **c.** столе – L'argent est sur la table. **d.** ящик – Pourquoi tu les as mis dans le tiroir ? **e.** стену – L'araignée grimpe sur le mur. **f.** книгу – стол – Mets le livre sur la table. **g.** ящике – Prends les crayons dans le tiroir.

**3** **a.** на слоне **b.** из дома **c.** на стену **d.** перед домом **e.** с дерева **f.** в дом **g.** в автобусе

**4** **a.** в лес **b.** на ветку. **c.** за дом. **d.** на окно. **e.** под стол.

**5** **A. 1.a.** до угла **2.b.** через час **3.c.** к родителям
**B. 1.a.** из-за детей **2.b.** на неделю **3.c.** за велосипедом
**C. 3.a.** к полудню **2.b.** для тебя **3.c.** за минуту

**6** брата, вас, мамы

| Б | П | Т | З | А | О |
|---|---|---|---|---|---|
| Р | В | А | С | Ш | А |
| А | О | Ч | П | К | Т |
| Т | Э | М | А | М | Ы |
| А | Ь | Р | У | С | К |

**7** **a.** к вам – на месяц **b.** в магазин – за водой **c.** до моря – за день **d.** для детей **e.** Из-за школы **f.** через минуту

**8** **a.** без: машины, бабушки **b.** на: автобусе, Луне, велосипеде, **c.** с: друзьями, братом **d.** у: машины, бабушки

**9** **a.** без помощи, génitif **b.** против воровства, génitif **c.** с учителем, instrumental **d.** через море, accusatif **e.** у мальчика, génitif **f.** на мотоцикле, locatif **g.** через километр, accusatif

**10** **a.** С кем **b.** О чём **c.** кому **d.** кто **e.** кого **f.** что **g.** чего

### 15. Les verbes de mouvement, les préfixes verbaux et les verbes de position

**1** **a.** лететь **b.** плыть **c.** ехать **d.** идти **e.** плыть **f.** ехать **g.** ползти

**2** **a.** плыть, déterminé **b.** ходить, indéterminé **c.** ползать, indéterminé **d.** бежать, déterminé **e.** ехать, déterminé **f.** бродить, indéterminé **g.** везти, déterminé **h.** бегать, indéterminé **i.** водить, indéterminé **j.** везти, déterminé

**3** **c.** он идёт **d.** мы идём **e.** вы идёте **f.** они идут **h.** ты ходишь **i.** он ходит **k.** вы ходите

**4** **a.** Мы бежим **b.** Они ходят **c.** Они бегают **d.** Она лезет **e.** Он носит **f.** Я плыву **g.** Ты ведёшь

**5** **a.** несёшь **b.** летают **c.** ползёт **d.** таскает **e.** плаваете **f.** брожу **g.** гонишь **h.** катаем

**6** **a.** 5 **b.** 3 **c.** 6 **d.** 2 **e.** 1 **f.** 4

**7** **a.** 4 **b.** 6 **c.** 5 **d.** 1 **e.** 3 **f.** 2

**8** **a.** выезжают **b.** довезёте **c.** выйду **d.** принесёт **e.** проедешь **f.** вылетим **g.** перенесут

**9** **a.** я сижу **b.** он лежит **c.** они стоят **d.** ты положишь

**10** **a.** 3 **b.** 5 **c.** 1 **d.** 6 **e.** 4 **f.** 2

**11** улица, *rue* ; проспект, *avenue* ; район, *quartier* ; перекрёсток, *croisement*; светофор, *feu tricolore*; крыша, *toit*; тротуар, *trottoir*; дорога, *route*; парк, *parc* ; здание, *bâtiment*.

### 16. Le verbe быть. Les structures impersonnelles

**1** **a.** Я в доме. **b.** Он будет здесь после. **c.** Где вы были? **d.** Мы были на концерте. **e.** Она уже была в России? **f.** Они сказали, что будут в школе в два. **g.** Ты где?

**2** **a.** Завтра будет солнце. **b.** Завтра вы будете вместе. **c.** Завтра нам будет плохо. **d.** Завтра я буду в театре. **e.** Завтра будут звёзды. **f.** Завтра у него будут гости.

**3** **a.** Вчера у нас были спички. **b.** Вчера у меня было плохое настроение. **c.** Вчера мы были с мамой. **d.** Вчера Маша была в парке. **e.** Вчера они были в форме. **f.** Вчера был праздник.

**4** **a.** будешь **b.** была **c.** было **d.** были **e.** будет

**5** **a.** Вчера всем было очень весело. **b.** Когда он пришёл, было два часа. **c.** После обеда будет концерт.

**6** **a.** Завтра будет хорошая погода. **b.** Им всё время холодно. **c.** Вчера я был в театре. **d.** Они летят в Москву на самолёте. **e.** Однажды мы будем в Крыму. **f.** Стол стоит у окна в зале. **g.** Девочка была высокого роста. **h.** Нам было с вами хорошо.

**7** **a.** не будет воды (ou воды не будет). **b.** не было брата. **c.** не было дома. **d.** не будет такого шанса. **e.** не было стульев. **f.** нигде не было.

## SOLUTIONS

**8** a. Сегодня: 1. ему холодно 2. ему тепло 3. ему жарко
b. Вчера: 1. ему было холодно 2. ему было тепло 3. ему было жарко
c. Завтра: 1. ему будет холодно 2. ему будет тепло 3. ему будет жарко

**9** a. Сколько у тебя денег? b. Когда ты вернёшься? c. С кем ты идёшь в театр? d. Сколько лет твоей сестре? e. Где ты живёшь? f. На каком этаже ваша квартира?

**10** a. пожалуйста b. обязательно c. Пожалуйста d. обязаны e. обязан f. должен

### 17. L'infinitif. L'aspect verbal

**1** Imperfectif : бегать, спать, говорить, писать, решать, любить

Perfectif : решить, уйти, проснуться, отдать, сказать, сделать

**2** a. сделать b. увидеть c. спрятать d. узнать e. сказать f. позвать g. написать

**3** a. imperfectif b. perfectif c. imperfectif d. imperfectif e. perfectif f. perfectif g. imperfectif

**4** a. сломал, perfectif b. писал, imperfectif c. вышли, perfectif d. выпил, perfectif e. прочитала, perfectif

**5** a. звонил b. делаем c. бегает d. рассказал e. упала – разбилась

**6** говорить-сказать, продавать-продать, передавать-передать, дарить-подарить, вспоминать-вспомнить, забывать-забыть, вставать-встать, учить-выучить, рождаться-родиться, сообщать-сообщить, доверять-доверить, обращаться-обратиться

**7**

| 1 | Ж | И | Т | Ь | | | | |
| 2 | П | И | Т | Ь | | | | |
| 3 | С | П | А | Т | Ь | | | |
| 4 | Ж | Д | А | Т | Ь | | | |
| 5 | Р | А | С | Т | И | | | |
| 6 | М | Е | Н | Я | Т | Ь | | |
| 7 | П | А | Д | А | Т | Ь | | |
| 8 | В | Е | Р | И | Т | Ь | | |
| 9 | П | Л | А | К | А | Т | Ь | |
| 10 | У | С | Т | А | В | А | Т | Ь |
| 11 | П | Р | О | Д | А | В | А | Т | Ь |

**8**

| Imperfectif | Perfectif |
| --- | --- |
| давать, donner | дать |
| приходить | прийти, venir (à pied) |
| есть | съесть, manger |
| покупать, acheter | купить |
| звать | позвать, appeler |
| находить, trouver | найти |
| платить | заплатить, payer |
| уходить, partir (à pied) | уйти |

**9** a. велосипед, vélo b. поезд, train c. машина, voiture d. трамвай, tramway e. самолёт, avion f. автобус, autobus

**10** a. с удочкой b. с чемоданом c. с портфелем d. с сумкой e. с рюкзаком

### 18. L'impératif. La forme courte des adjectifs

**1** a. уйти b. смотреть c. петь d. рисовать e. позвать f. выходить g. замолчать

**2** a. знай b. катайся c. решай d. напиши e. лови f. пригласи g. поставь

**3** a. встречайтесь b. бросьте c. живите d. войдите e. миритесь f. отведите g. любите

**4**

| Infinitif | Impératif singulier |
| --- | --- |
| решить | реши! |
| отдать | отдай! |
| отойти | отойди! |
| нести | неси! |
| сделать | сделай! |
| забыть | забудь! |
| читать | читай! |
| переходить | переходи! |

**5** a. Заходи в дом! b. Не смейся над ним! c. Порежь хлеб! d. Учи стихи! e. Добавь муки! f. Читай быстрее! g. Позвони ей!

**6** a. быстрый b. резвый c. – d. весёлый e. – f. робкий g. одинокий

**7** a. веселы b. Мудрый c. быстро d. мудро e. весело f. быстрый

**8** a. хорош b. – c. молчалив d. тих e. мил f. – g. добр

**9** быстр, быстрый; нежен, нежный; стыдлив, стыдливый; дерзок, дерзкий

# SOLUTIONS

❿ **a.** 4. варенье **b.** 1. борщ **c.** 2. каша **d.** 3. компот

⓫ **a.** мал **b.** пуст **c.** плох **d.** широк

## 19. Le futur. La négation. Les degrés de comparaisons des adjectifs et des adverbes

❶ **a.** буду гулять **b.** будете работать **c.** пойдут **d.** отвезём **e.** ответишь **f.** сможем **g.** будет играть

❷ **a.** буду делать **b.** будешь открывать **c.** будет забывать **d.** будут читать **e.** будем петь **f.** будет мыть **g.** будут писать

❸ **a.** будет смотреть **b.** вернётся – познакомлю **c.** приглашу **d.** будешь сдавать **e.** поеду **f.** зазвонит

❹ **a.** съем **b.** расскажет **c.** будут начинать **d.** встретим **e.** будет ходить

❺ **a.** Это не ваши дети. *Ces enfants ne sont pas les vôtres.* **b.** Он не был в Крыму. *Il n'a pas été en Crimée.* **c.** Ей подарили не эти цветы. *Ce ne sont pas ces fleurs qu'on lui a offertes.* **d.** Она пошла в театр не с отцом. *Ce n'est pas avec son père qu'elle est allée au théâtre.* **e.** Не мы заставили вас уйти. *Ce n'est pas nous qui vous avons forcés à partir.* **f.** Они пошли не в парк. *Ce n'est pas au parc qu'ils sont allés.*

❻ **a.** темнее **b.** веселее **c.** краснее **d.** теплее **e.** красивее **f.** труднее **g.** смелее

❼ **a.** тише **b.** уже **c.** больше **d.** шире **e.** ниже **f.** громче **g.** меньше

❽ **a.** тише **b.** быстро **c.** умнее **d.** мудрее **e.** важно **f.** смелее

❾ **a.** старше **b.** простейшее **c.** дешевле **d.** длиннее **e.** красивейший **f.** широчайший

❿ **a.** редчайший **b.** мудрейший **c.** главнейший **d.** умнейший **e.** высочайший **f.** быстрейший

⓫

| Adjectif | Adverbe | Comparatif | Superlatif |
|---|---|---|---|
| глупый, *bête* | глупо | глупее | глупейший |
| добрый, *bon* | добро | добрее | добрейший |
| бедный, *pauvre* | бедно | беднее | беднейший |
| вкусный, *délicieux* | вкусно | вкуснее | вкуснейший |
| резкий, *brusque* | резко | резче | резчайший |
| короткий, *bref* | коротко | короче | кратчайший |
| полезный, *bon (pour la santé)* | полезно | полезнее | полезнейший |
| известный, *connu* | известно | известнее | известнейший |

## 20. Как et какой. Les noms propres. L'accent tonique. Quelques mots utiles

❶ **a.** болеет **b.** жарко **c.** Таня **d.** второе марта **e.** через окно **f.** по Интернету

❷ **a.** Как **b.** Какие **c.** Какой **d.** Как **e.** Какое **f.** Как

❸ **a.** Какой **b.** Как **c.** Что **d.** Какие **e.** Зачем **f.** Кто **g.** Как

❹ **a.** Света **b.** Олег **c.** Женя **d.** Саша **e.** Вера **f.** Сева

❺ **a.** Анне **b.** Сергея **c.** Антон – Колей **d.** Вадиме **e.** Татьяной **f.** Влада

❻ **a.** 4 **b.** 6 **c.** 1 **d.** 3 **e.** 7 **f.** 5 **g.** 2

❼ **a.** Лев **b.** Маша **c.** Вова **d.** Анна **e.** Вика

❽

| Accent au début du mot | Accent au milieu du mot | Accent à la fin du mot |
|---|---|---|
| кло́ун | компью́тер | окно́ |
| ра́зница | зелёный | челове́к |
| у́тка | телеви́зор | земля́ |
| кни́га | уда́ча | телефо́н |
| ку́рица | перча́тка | кошелёк |

❾ це́лую, *entière*, целу́ю, *j'embrasse*; ве́сти, *nouvelles*, вести́, *emmener*; сто́ит, *(il) coûte*, стои́т, *(il) est debout*

❿ **a.** клу́бы - *clubs*, клубы́ - *bouffées (de fumée)* **b.** му́ка - *torture*, мука́ - *farine* **c.** ви́на - *vins*, вина́ - *faute* **d.** за́мок - *château*, замо́к - *serrure*

⓫ **a.** Простите - Ничего **b.** Осторожно - опасно **c.** Скажите **d.** свидания **e.** Говорите **f.** большое - что **g.** немного - понимаю

# TABLEAU D'AUTOÉVALUATION

Bravo, vous êtes venu à bout de ce cahier ! Il est temps à présent de faire le point sur vos compétences et de comptabiliser les icônes afin de procéder à l'évaluation finale. Reportez le sous-total de chaque chapitre dans les cases ci-dessous puis additionnez-les afin d'obtenir le nombre final d'icônes dans chaque couleur. Puis découvrez vos résultats !

1. Alphabet, lettres, sons

11. Le temps, l'heure et l'époque

2. Le nominatif des noms, adjectifs. 3 genres

12. Le datif des noms et des adjectifs. Le vocabulaire…

3. Le nominatif pluriel des noms, adjectifs…

13. L'instrumental des noms et des adjectifs…

4. Le verbe. Le présent et le futur simple

14. Les prépositions, les questions et les cas

5. Les pronoms personnels, interrogatifs…

15. Les verbes de mouvement, les préfixes verbaux…

6. Le passé. Les cardinaux et les ordinaux

16. Le verbe быть. Les structures impersonnelles

7. La déclinaison des pronoms possessifs. L'adverbe

17. L'infinitif. L'aspect verbal

8. Le génitif singulier. Le génitif des adjectifs

18. L'impératif. La forme courte des adjectifs

9. Le génitif pluriel. L'accord des cardinaux. La quantité

19. Le futur. La négation. Les degrés de comparaison…

10. Le génitif des adjectifs. L'accusatif des noms…

20. Как et какой. Les noms propres…

Total, tous chapitres confondus……………………………………………………………………

Vous avez obtenu une majorité de…

**Отлично!** Vous maîtrisez maintenant les bases du russe, vous êtes fin prêt pour vous jeter à l'eau !

**Неплохо,** mais vous pouvez encore progresser ! Refaites les exercices qui vous ont donné du fil à retordre en jetant un œil aux leçons !

**Начните заново.** Vous êtes un peu rouillé… Reprenez l'ensemble de l'ouvrage en relisant bien les leçons avant de refaire les exercices.

**Crédits iconographiques**

Shutterstock : abstractdesignlabs : 89md ; Akai37 : 66b ; Andres Moncayo : 78bg ; Ankomando : 51h, 92 ; Ann Doronina : 48hg ; Beer'r : 100d ; Blablo101 : 70bg, 95, 105g, 116 ; dandoo : 62 ; Delices : 103h ; Djdarkflower : 104m ; Doremi : 101hd, 111b ; Evgeniya Pushai : 34b ; gst : 88 ; Gurza : 89dh ; Honglouwawa : 34h ; IG_Studio : 89db ; Incomible : 89mg, 93h, 104b ; jorgen mcleman : 82h ; Kalabukhava Iryna : 66h ; Ksanawo : 97 ; Laraslk : 117 ; Leszek Glasner : 25 ; Macrovector : 69b ; Maria Zainoullina : 109 ; MartinaP : 82g ; milo827 : 77 ; moonkin : 39 ; mmar : 20h ; MyClipArtStore.com : 70h, 75h ; Naddya : 75b ; Nemanja Cosovic : 15b ; Olillia : 30, 60b ; omnimoney : 93b ; Padma ; Sanjaya : 68 ; Rainbow-Pic : 76 ; Rudie Strummer : 47 ; Sarawut Padungkwan : 36b ; Sentavio : 18b, 107 ; Sibiryanka : 89m ; Stockakia : 118 ; stockshoppe : 51b ; Tajuan : 89g, 118bg ; Taxiro : 78h ; Tetiana Yurchenko : 102 ; Tomacco : 65 ; TopVectors : 70bd ; totallyPic.com : 90 ; valeriya_sh : 105d ; venimo : 43h, 101, 104h ; Veterstaltepley : 37 ; Yuyula : 86 ; Zudy : 74 ; zzveillust : 43m, 48bd, 66m.

Conception graphique : MediaSarbacane
Mise en pages : Julie Simoens pour Céladon éditions
Réalisation : Céladon éditions, www.celadoneditions.com
© 2015 Assimil
N° d'édition : 4238 - mars 2023
ISBN : 978-2-7005-0687-7
www.assimil.com
Imprimé en Roumanie par Tipografia Real